Guia de bolso da Adidas

Josh Sims

Guia de bolso da Adidas

Josh Sims

Tradução: Cristina Camargo

Editora Senac São Paulo – São Paulo – 2025

Sumário

Introdução

"Diversas vezes me pediram para fazer um calçado de moda casual, mas a minha resposta sempre foi: 'Nós somos a Adidas. Nós somos esporte'", costumava dizer Jacques Chassaing. "Eu tinha plena convicção de que, se fosse criar um modelo para jogar tênis, ele precisaria, antes de qualquer coisa, ser excelente para tênis. Se os usuários o achassem confortável para ser usado nas ruas, ótimo, mas essa seria uma decisão deles. Não nossa."

Foi no livro *From Soul to Sole* (2022) que Chassing – provavelmente o designer mais influente da Adidas – resumiu a filosofia de uma empresa fundada após a Segunda Guerra Mundial (1939-1945) e cujas raízes remontam a mais de um século. Independentemente da necessidade esportiva que estivesse atendendo – e ela levaria em conta até esportes menos conhecidos –, a Adidas sempre priorizou o lado funcional. Os tênis deveriam ser adequados à sua finalidade.

No passado, a Adidas esteve praticamente sozinha. Foi pioneira em tecnologias para melhorar a performance de quem usava seus produtos e deu início a uma indústria – a de artigos esportivos – que se tornaria global.

Desde a década de 1920, ainda sob outro nome, a Adidas viu vários concorrentes surgirem, muitos dos quais – a Nike é o exemplo mais óbvio – criariam seus próprios clássicos.

Todos eles devem reconhecimento à Adidas, porque a marca – ainda que de forma não intencional – ajudou a estabelecer uma cultura em que os tênis passaram a ser usados, como Chassaing disse, "nas ruas". O estilo que surgiu da tecnologia empregada pela Adidas fez com que muitos de seus modelos continuassem populares décadas depois de terem sido lançados. Essas são as razões pelas quais a marca pode reivindicar para si tantos produtos icônicos e que estão presentes em diversos guarda-roupas pelo mundo.

Aparentemente, a Adidas alcançou tudo isso com total indiferença. Focada no aspecto utilitário, e não na moda, e preocupada com eficiência e organização, a empresa reflete muitos dos traços tipicamente associados aos alemães. Mas essa postura distante só contribuiu para aumentar sua fama ainda mais.

História

A história da Adidas começa com uma amarga disputa familiar que culminou na criação de não uma, mas duas empresas globais de artigos esportivos. Como muitas vezes acontece, dois irmãos – no caso, Adolf e Rudolf Dassler, de Herzogenaurach, na Baviera, Alemanha – chegaram à conclusão de que era impossível continuar trabalhando juntos.

Herzogenaurach era uma pequena cidade (apenas 4 mil habitantes) onde a maioria dos empregadores era da indústria calçadista. O pai de Adolf Dassler

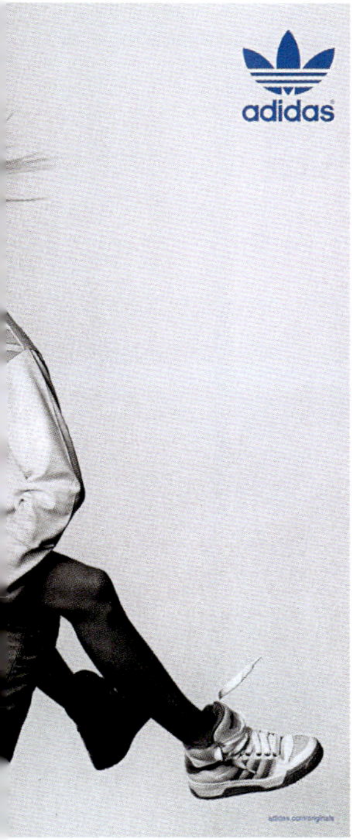

À ESQUERDA: anúncio da Adidas da década de 2000. A marca global de hoje tem suas origens nos anos 1920.

trabalhava para um deles e, talvez ciente da necessidade de que o filho mais novo trilhasse o próprio caminho, incentivou-o a trabalhar como aprendiz de padeiro. Adolf Dassler mal havia terminado essa experiência quando, aos 18 anos, foi convocado para servir no Exército alemão, nos meses finais da Primeira Guerra Mundial (1914-1918). Isso, sem dúvida, deu-lhe tempo para refletir.

Ao final da guerra, de volta à vida civil, Dassler concluiu que seu verdadeiro interesse estava nos

ACIMA: Adolf na Fábrica de Calçados dos Irmãos Dassler (Geda, na abreviação alemã), na década de 1920.

calçados. Mais especificamente, em modelos esportivos; e, ainda mais particularmente, no desenvolvimento de diferentes tipos para diferentes esportes – uma ideia revolucionária para a época.

Consequentemente, deixando a padaria e as trincheiras para trás, Adolf Dassler firmou parceria com um sapateiro local chamado Karl Zech e abriu um pequeno negócio de reparos no banheiro dos fundos da casa da família.

Lá, começou a desenvolver suas ideias. Era um empreendimento familiar: "Ele passou a fazer experiências, fabricando calçados na lavanderia de sua mãe", contou sua filha caçula, Sigi Dassler, à BBC em 2022. "Ele usava todo tipo de material que encontrava, até sacos de pão. Seu pai o ajudou a organizar tudo e a construir máquinas para começar o negócio."

No entanto, era necessária muita imaginação para acreditar que fosse possível estabelecer um negócio em torno de um produto tão específico. Na Alemanha pós-guerra, economicamente devastada, havia escassez de materiais, e o fornecimento de eletricidade era tão irregular que, para fazer uma máquina de processamento de couro funcionar, Dassler a adaptou a uma espécie de bicicleta presa a um suporte de madeira, que era pedalada pelo primeiro funcionário da empresa, Josef Erhardt. Além disso, havia a questão: afinal, quem precisava de calçados caros de corrida naquela época?

Mas Adolf Dassler persistiu. Assim como ele não queria ser padeiro, seu irmão mais velho, Rudolf, não estava muito interessado em se tornar policial. Em 1923, o caçula trouxe Rudolf para o negócio, e no ano seguinte fundaram a Gebrüder Dassler Schuhfabrik ("Fábrica de Calçados dos Irmãos Dassler", ou Geda). Adolf se concentrou no design e no desenvolvimento dos produtos, e Rudolf se dedicou à parte comercial.

O início

Os primeiros dois anos não foram fáceis: com uma equipe de doze pessoas, a empresa produzia apenas cinquenta pares por dia. E eram de um tipo que ninguém fazia – as primeiras chuteiras com travas de couro e os primeiros tênis de corrida com cravos. No final de 1926, a empresa já fabricava cem pares diariamente. E o mais importante para a credibilidade do produto é que, dois anos depois, os heróis do esporte nacional usariam as chuteiras da Dassler, com a corredora Lina Radke trazendo para casa uma medalha de ouro e estabelecendo um novo recorde mundial nas Olimpíadas de Amsterdã, em 1928.

Mesmo nesses primeiros modelos já era evidente que Dassler estava repensando como os métodos de construção e os materiais poderiam atender às necessidades de cada atleta. Seus primeiros tênis de corrida tinham cabedal de pele de cabra macia e fina, o que os deixava mais leves, e seus cravos eram inclinados para se ajustarem ao movimento do pé.

Em 1928, os tênis Dassler apresentavam um dos primeiros sistemas de cravos rosqueáveis, em que cada cravo era inserido em espaços pré-perfurados no solado. A parte frontal era reforçada com uma placa de metal rebitada para melhorar a distribuição da pressão. Depois, os cravos eram inclinados e ajustados em diferentes comprimentos para atender melhor a cada atleta. Essas inovações foram algumas das primeiras patentes da Dassler.

ACIMA: anúncio da década de 1970. O sucesso da Adidas levaria à hegemonia da marca nos Jogos Olímpicos dos anos seguintes.

Para Adolf Dassler, o bom desempenho nas Olimpíadas de Amsterdã confirmou que suas ideias de design estavam no caminho certo e que era preciso avançar ainda mais. Com esse objetivo, ele se associou a Josef Waitzer, treinador nacional de atletismo que queria causar impacto nos Jogos Olímpicos de Los Angeles, em 1932. Waitzer deu um jeito para que mais atletas usassem os tênis Dassler na competição, enquanto o próprio Dassler frequentava a Escola Técnica de Calçados na cidade de Pirmasens para testar o potencial de algumas de suas outras ideias. Foi lá que ele conheceu sua futura esposa, Käthe, filha de um importante fabricante de moldes de sapatos.

Dassler viu nas Olimpíadas uma oportunidade de testar seus produtos

No entanto, seriam os Jogos Olímpicos de 1936, em Berlim – ou seja, em casa –, que realmente dariam a chance para os produtos de Dassler se destacarem. As Olimpíadas foram uma grande oportunidade de marketing, mostrando tudo o que a Alemanha representava. Atletas do mundo todo conheceram os tênis de Dassler, especialmente os cravos Geda.

ABAIXO: Estádio Olímpico de Berlim, em 1936.

Competidores calçando Dassler quebraram dois recordes mundiais, estabeleceram três recordes olímpicos e conquistaram um total de dezessete medalhas (entre elas, sete de ouro). É provável que o lendário Jesse Owens estivesse entre os que usaram os produtos da fábrica dos irmãos Dassler.

Sempre buscando melhorias, Dassler viu nas Olimpíadas uma oportunidade de testar seus produtos. Por exemplo, Waitzer percebeu que os cravos dos calçados de um velocista dos 100 m rasos

ABAIXO: o norte-americano Jesse Owens nas Olimpíadas de Berlim, em 1936, em que conquistou quatro medalhas de ouro.

começavam a se desgastar após serem utilizados repetidamente nas superfícies rígidas ao redor da Vila Olímpica. "Precisamos de cravos um pouco mais fortes, mesmo nos tênis leves para velocistas", relatou ele, acrescentando entusiasmado: "Hoje estou indo para Bochum [cidade alemã] me encontrar com os melhores corredores". Respaldados pelo sucesso olímpico, em 1938 os irmãos abriram uma segunda fábrica e logo estavam produzindo cerca de mil pares de tênis por dia, para onze modalidades esportivas diferentes.

A guerra seguinte

Um período de grande tensão estava prestes a começar, tanto para os negócios quanto para o relacionamento entre Adolf e Rudolf. Em 1939, com o início da Segunda Guerra Mundial, as exportações alemãs foram bastante afetadas, e a demanda dos consumidores por calçados esportivos praticamente desapareceu. A fábrica que havia sido inaugurada foi fechada, e os irmãos Dassler foram convocados para o Exército (Adolf trabalhou como operador de rádio na Luftwaffe, a Força Aérea da Alemanha nazista, por dois anos). Após ser liberado do serviço militar, Adolf Dassler pôde voltar à fábrica e recebeu a ordem de fornecer 10.500 pares de calçados esportivos por ano ao Exército alemão.

Mais tarde, grande parte do maquinário dos irmãos foi cooptada pelo Estado para a produção de armas antitanque ao Exército, tal qual havia ocorrido com diversas indústrias no país. Os Dassler eram membros do Partido Nazista desde 1933, o que é frequentemente interpretado como uma medida pragmática para proteger os negócios e os empregos na fábrica da família. Supõe-se também que Adolf Dassler viu na filiação uma forma de fornecer produtos ao movimento da Juventude Hitlerista, a fim de incentivar meninos e meninas a praticarem esportes.

No entanto, o relacionamento entre os dois irmãos já havia começado a se desgastar. A origem exata da ruptura permanece no campo da especulação, pois nunca foi totalmente compreendida. De acordo com a Adi & Käthe Dassler Memorial Foundation, Rudolf teve que servir na guerra por mais tempo que Adolf e teria questionado a capacidade do irmão de administrar a empresa durante sua ausência, mesmo com o acordo que havia entre eles. Teria sido a tentativa de Rudolf de controlar tudo a distância a causa do rompimento? É provável que Adolf tenha recusado o pedido de Rudolf para que sua esposa, Friedl, atuasse em seu nome.

Há ainda mais rumores. Alguns dizem que Rudolf atuou para que a fábrica de calçados passasse a produzir armamentos, sob gestão militar, acelerando a convocação de Adolf, embora isso provavelmente tenha sido uma ordem do Estado. Rudolf chegou a afirmar que Adolf foi o responsável por sua internação em um campo durante um ano, ao final da guerra.

Outros rumores sugerem que Rudolf acabou desertando do serviço militar, o que teria levado à sua prisão pelas Forças Aliadas. Seria esse o motivo da irritação de Adolf?

Além disso, alguns afirmam que Rudolf era mulherengo. Estaria Adolf com ciúmes? Era contra a conduta do irmão? Suspeitava de algum affair com Käthe? Nada disso é bom para a imagem da empresa, e a Adidas evita mencionar sua história anterior à Segunda Guerra.

Apesar do rompimento, os negócios da família Dassler conseguiram sobreviver à guerra. Quando as tropas dos Estados Unidos que ocuparam a Alemanha se preparavam para destruir a fábrica, Käthe Dassler conseguiu convencê-las de que ali só se produziam calçados. As tropas – que sabiam da conexão de Dassler com Jesse Owens – acabaram se tornando clientes. Assim, a partir da primavera de 1945, oficiais norte-americanos ficaram alojados na casa dos Dassler e os ajudaram a adquirir materiais excedentes da guerra para a retomada da produção de calçados.

No entanto, como membro do Partido Nazista, Adolf foi proibido, em 1946, de possuir um negócio. Ele conseguiu contestar, em parte, essa penalidade – com a ajuda de um amigo judeu que testemunhou a seu favor, afirmando que Dassler o havia protegido durante o conflito. Adolf ficou em liberdade condicional por dois anos e, finalmente, foi autorizado a retomar os negócios sob supervisão. No início de 1947, permitiram que ele voltasse a gerir a empresa como proprietário. No ano seguinte, os irmãos finalmente decidiram seguir cada um o seu caminho. E nunca mais se falaram.

Uma nova era

Em 1948, Rudolf Dassler fundou a Puma, também na cidade de Herzogenaurach. No ano seguinte, Adi (como era conhecido o irmão mais novo) inaugurou a Adolf Dassler Sportschuhfabrik ("Fábrica de Calçados Esportivos Adolf Dassler") do outro lado da cidade, com cerca de dois terços da força de trabalho original. A história conta que a empresa foi inicialmente registrada como Addas (combinando "Ad", de Adolf, e "Das", de Dassler), mas esse nome já era usado por um fabricante de calçados infantis. Adolf então pegou um papel e acrescentou a letra "i", criando o nome Adidas.

A separação, no entanto, não resolveu a rixa entre Adolf e Rudolf: até mesmo os funcionários das duas empresas não se falavam, frequentando lugares diferentes. Herzogenaurach foi apelidada de "cidade dos pescoços tortos" em razão do hábito que os moradores desenvolveram de conferir os calçados uns dos outros para ver a qual grupo pertenciam.

"Nós nem citávamos o nome Adidas em casa", diz Michael Dassler, neto de Rudolf. "Normalmente dizíamos N.G., de 'nie gehört' ['nunca ouvi falar', em alemão]. Algo como o Voldemort do Harry Potter: aquele que não pode ser mencionado."

Quando se soube que Adidas e Puma poderiam entrar em guerra, promovendo um "leilão" para contratar Pelé – o que acabaria prejudicando as duas empresas –, as rivais entraram em um acordo informal que chamaram de "Pacto Pelé". Por esse pacto, nenhuma das empresas fecharia com o astro do futebol. Mais tarde, ao ver Pelé se agachar em campo para amarrar suas chuteiras Puma na Copa do Mundo de 1970 – e com transmissão pela TV para milhões de espectadores –, Adolf não ficou nada satisfeito. De acordo com a filha Sigi, o episódio só serviu para colocar mais lenha na fogueira da rivalidade.

Nessa época, a Adidas não tinha o domínio de mercado que Adolf e Rudolf haviam experimentado nas décadas de 1920 e 1930. A Alemanha estava na reconstrução pós-guerra. Os aliados se mostravam dispostos a ajudar a reerguer a economia alemã, e a concorrência nos negócios era intensa. Uma solução estava na inovação. A Adidas já tinha um histórico na criação de cravos para calçados esportivos. Agora, a empresa queria elevar o nível.

Na década de 1950, a Adidas avançou bastante em algumas modalidades – principalmente atletismo e futebol – e começou a construir sua reputação em design com a criação de modelos de tênis como o Samba e o Italia. Em 1952, a marca entrou no mercado de vestuário e equipamentos esportivos, fabricando itens como suas próprias bolas de futebol. Três anos depois, abriu a primeira fábrica fora da Alemanha, na França. A unidade ficou sob a gestão de Horst, filho de Adolf e Käthe. As quatro filhas restantes, bem como a irmã de Käthe, também ocupavam cargos de liderança na empresa.

Käthe Dassler se tornou o elo social entre a empresa e organizações esportivas, entidades reguladoras e varejistas, enquanto Adi adotou uma abordagem prática, testando o maior número possível de esportes e fazendo inúmeras entrevistas com atletas de elite para entender melhor como seria o calçado ideal para cada atividade. Essa era sua grande ideia: a de que o produto fosse realmente adequado à sua finalidade. Até então, os atletas usavam o mesmo tipo de cravo em todas as provas.

Nenhuma modalidade foi deixada de lado. Embora a Adidas tenha rapidamente se tornado

ABAIXO: o britânico Daley Thompson usando Adidas, em 1980, quando conquistou o ouro no decatlo nas Olimpíadas de Moscou.

mais conhecida por suas chuteiras, pelos tênis de atletismo e pelos modelos destinados aos jogadores de tênis – ou seja, os esportes mais populares –, Dassler também desenvolveu calçados específicos – muitos deles, pioneiros – para atividades como boliche, esqui, esgrima, boxe e tiro.

À DIREITA: a Adidas se orgulhava de criar calçados específicos para cada esporte.

ABAIXO: botas de boxe da Adidas.

"Não havia mais nada [naquela época]", lembra Willi Holdorf, o primeiro alemão a ganhar a medalha de ouro olímpica no decatlo, em 1964, e mais tarde representante de vendas da Adidas. "Depois vieram os cravos para salto em altura, com solado um pouco mais grosso. Eu estava no decatlo e precisava de cravos para o lançamento de dardo. Mas ainda fiz todas as provas com os mesmos cravos. Isso mudou", diz ele em documentação mantida pela Adi & Käthe Dassler Memorial Foundation.

De fato, mantendo a abordagem personalizada de providenciar, sempre que possível, cravos adequados a cada atleta, Dassler forneceu a Holdorf um par de tênis especiais para os 1.500 m rasos. Eles tinham a parte traseira mais elevada para induzir o atleta a correr mais na ponta dos pés. "Acho que isso me rendeu alguns segundos, talvez até 5", afirmaria Holdorf. Chamado de Interval, esse tênis se tornaria um dos primeiros

Every day
a new success
in adidas
Great victories,
sensational times,
athletic triumphs –
adidas is always there.
For every sport,
for every foot the right shoe –
this is the goal Adi Dassler
has been striving towards
for many years,
thus making adidas the most
successful shoe of all times.
adidas®

best-sellers da Adidas. Da mesma forma, Dassler fez um único par de chuteiras acolchoadas com amarração no calcanhar para o jogador de futebol da então Alemanha Ocidental Uwe Seeler, que sofria de uma inflamação no tendão de Aquiles. Elas permitiram que o atacante jogasse na final da Copa do Mundo de 1966 contra a Inglaterra.

Em 1968, a superfície das pistas, feita à base de carvão, foi repentinamente trocada por material sintético, pouco antes das Olimpíadas na Cidade do México, e Dassler foi obrigado a se adaptar. A concorrência propôs o uso de cravos mais finos, que não se prenderiam na nova superfície, mas as autoridades olímpicas os proibiram por serem potencialmente perigosos. Dassler teve sua própria ideia: criou um tipo de cravo em forma de pequenas protuberâncias triangulares que não ficavam presas nem danificavam a superfície. Além disso, forneciam o que era fundamental: tração suficiente para os atletas.

De acordo com a Adi & Käthe Dassler Memorial Foundation, Holdorf admitiu que, às vezes, os atletas se incomodavam com as constantes intervenções de Dassler. "A gente podia falar que um par de tênis já estava perfeito, mas ele sempre queria mais. No fim, reconhecíamos que havia sido bom ele ter feito tantos testes. Ter alguém tão envolvido foi uma grande vantagem. Isso o motivou a ser o melhor. Se ele não fosse um praticante de esportes, como foi, não teria sido um inventor tão meticuloso."

À ESQUERDA: o britânico Bobby Moore (à esquerda) e o alemão Uwe Seeler (à direita) disputam a final da Copa do Mundo de 1966.

Essa criatividade foi bem recompensada. No final da década de 1960, Adi Dassler havia recebido a Ordem do Mérito de Primeira Classe da Alemanha por sua contribuição aos negócios alemães, e sua empresa havia aberto mais catorze fábricas que estavam produzindo mais de 8 milhões de tênis por ano. A empresa registrava patentes a todo momento: para chuteiras com travas removíveis; para tênis de pista com solados de *nylon* leve, cabedais de couro e cravos substituíveis, e até mesmo para uma sandália moldada em borracha que podia ser usada no chuveiro – e que mais tarde se mostraria um sucesso inesperado (ver p. 89).

Então, não surpreende que em 1971 Joe Frazier e Muhammad Ali tenham usado botas Adidas naquela que foi chamada de "Luta do Século"; que no ano seguinte 80% dos medalhistas de ouro nas Olimpíadas de Munique estivessem com tênis Adidas nos pés e que Stan Smith tenha vencido o Torneio de Wimbledon com eles, também em 1972. Na década seguinte, a empresa estava com uma gama diversificada de atletas de nível internacional – como os jogadores da seleção argentina de futebol, a estrela romena da ginástica Nadia Comaneci e o alpinista italiano Reinhold Messner. Adi Dassler, ou "O Chefe", como era chamado dentro da empresa, havia criado uma história de sucesso impressionante em cerca de 25 anos.

À DIREITA: pôster da "Luta do Século" entre Joe Frazier e Muhammad Ali, com Frazier usando Adidas.

A MUSIC FAIR ENTERPRISES, INC.
presentation
THE ONLY WAY TO SEE
the fight
EVERLAST
EVERLAST
WORLD'S
HEAVYWEIGHT
CHAMPIONSHIP
JOE FRAZIER
vs
MUHAMMAD ALI
MARCH 8, 1971
ON CLOSED CIRCUIT TV LIVE FROM MADISON SQ. GARDEN
NO LIVE RADIO, TV OR DELAYED HOME TV
ALLENTOWN FAIR GROUNDS
Prices: $ 15.00, $ 12.50
Tickets on Sale NOW at the Allentown Fair Grounds

Da inovação ao estilo

Talvez também tenha ocorrido uma mudança na abordagem da empresa em relação à estética dos produtos. Nas décadas de 1960 e 1970, a Adidas lançou vários modelos de calçado que acabariam se tornando clássicos, sendo produzidos ainda hoje (após algumas interrupções): o Gazelle, de 1966 (ver p. 101), originalmente projetado para atletas de salto em altura e usado por Dick Fosbury, que revolucionou a modalidade com o "Fosbury Flop"; o Tournament (mais tarde rebatizado como Campus), de 1970 (ver p. 107); o Superstar, com biqueira em concha, famoso no meio *hip-hop*, de 1969 (ver p. 93); e o Nizza, de 1975 (a resposta da Adidas ao casual Converse Chuck Taylor). No vestuário, a visibilidade da marca cresceu com a criação do logotipo Trefoil, em 1972.

Nas décadas de 1960 e 1970, a Adidas lançou vários modelos de calçado que acabariam se tornando clássicos.

Grande parte do sucesso posterior da Adidas não seria testemunhado pela família que lançou as bases: Adi Dassler faleceu em 1978, ano em que se tornou o primeiro estrangeiro a ser admitido no "Hall da Fama"

À ESQUERDA: a ginasta romena Nadia Comaneci usando Adidas.

da indústria norte-americana de artigos esportivos. Ele foi sepultado no mesmo cemitério que o irmão (falecido em 1974), porém na extremidade oposta. Käthe Dassler morreria três anos depois, tendo expandido as vendas de tal forma que a Adidas produzia 102 milhões de pares de calçados por ano e tornou-se a maior fabricante de artigos esportivos do mundo. Seu filho

ABAIXO: Adolf Dassler entre seus designs clássicos.

Horst, que assumiu a direção da sede, em Herzogenaurach, faleceria em 1987, com apenas 51 anos.

No final da década de 1980, a Adidas foi listada na bolsa de valores alemã como Adidas AG Stock Corporation, e ao longo dos três anos seguintes todos os outros membros da família Dassler venderam gradualmente suas participações majoritárias, marcando o fim de uma era e o início de tempos difíceis: sem a forte liderança da família fundadora, a Adidas encarou a falência.

A empresa foi resgatada pelo empresário francês Bernard Tapie – um controverso proprietário de equipes de ciclismo e futebol que chegou a ser ministro do governo. Em 1990, ele comprou a Adidas por 1,6 bilhão de francos e iniciou uma série de reformas importantes: recrutou Rob Strasser, ex-chefe de design de uma ainda jovem empresa norte-americana chamada Nike, modernizou o logotipo da Adidas (do Trefoil para o triângulo de três listras), transferiu a maior parte da fabricação para a Ásia e, em seguida, listou a empresa na bolsa de valores.

À ESQUERDA:
Gazelle.

Embora os esforços de Tapie tenham iniciado a recuperação da Adidas, não sanaram totalmente a empresa. Em 1993, ela passou à liderança de Robert Louis-Dreyfuss, ex-empresário dos setores farmacêutico e de publicidade, que dois anos depois abriu o capital da Adidas. Nos oito anos seguintes, Louis-Dreyfuss ajudou a transformar a marca em um nome global (apesar de seu envolvimento na denúncia de compra de votos para que a Alemanha fosse escolhida sede da Copa do Mundo de 2006; o escândalo chegou a ser investigado pela FIFA, em 2016, mas acabou prescrevendo). Segundo Louis-Dreyfuss, o crescimento se deu com mudanças mínimas na Adidas, exceto, talvez, um investimento maior em marketing. Como o próprio *slogan* resumia, "We knew then. We know now." ("Sabíamos antes. Sabemos agora.").

"De repente me dei conta de que (...) esse cara, o Adi, era o pai de 90% da indústria de roupas esportivas."

Louis-Dreyfuss liderou a Adidas em um período de expansão. Em 1997, fez a primeira aquisição da empresa: a marca de esqui Salomon. No ano seguinte, estabeleceu a nova sede, a World of Sports, em uma antiga base militar dos Estados Unidos, adquirida pela empresa em parceria com a cidade natal de Adi Dassler, Herzogenaurach.

Embora a Adidas (sob a liderança do CEO Herbert Hainer) viesse a vender a Salomon apenas sete anos depois, em 2006 ela comprou a Reebok, reunindo duas marcas históricas de vestuário esportivo – o que levou à criação do Adidas Group. A Rockport, marca de calçados voltada para atividades ao ar livre que havia sido incorporada ao portfólio da Adidas, também foi vendida, em 2015, assim como a Reebok, em 2022. Nesse ano, com o foco novamente voltado para o nome Adidas e sob a liderança do CEO Kasper Rørsted, a empresa era uma companhia de mais de US$ 22 bilhões, produzindo 420 milhões de pares de calçados anualmente.

Esses números fizeram da Adidas a maior empresa de artigos esportivos da Europa e a segunda maior do mundo, atrás da Nike. Mas que seja dado o devido crédito: quando Rob Strasser, o executivo da Nike encarregado de destruir a rival Adidas foi finalmente requisitado pela concorrente, levaram-no para uma visita ao museu da empresa. "De repente me dei conta de que, com exceção do Waffle Trainer e daquela bolsa de ar [a tecnologia Air da Nike], esse cara, o Adi, era o pai de 90% da indústria de roupas esportivas", contou ele à revista *Portland Monthly* em 2016.

E a terceira maior empresa de artigos esportivos do mundo? Ainda era a Puma. É possível que Adi Dassler estivesse satisfeito com isso, mesmo após a morte.

A marca

A Adidas pode afirmar que é uma das principais marcas de artigos esportivos do mundo. Mas seu apelo não vem apenas da inovação; vem, também, da apresentação. Do logotipo Trefoil às três listras, a Adidas alcançou uma visibilidade e uma credibilidade que a ajudaram a perdurar como empresa e a se estabelecer como um pilar da moda por décadas.

As três listras

Enquanto outras empresas do setor focaram seu branding em design e na construção de identidade com um logotipo de impacto – por exemplo, o famoso Swoosh da Nike –, a Dassler começou com algo bem menos eficaz. Seu logotipo era um escudo no qual uma grande ave (provavelmente um albatroz) parecia lutar para carregar um sapato.

Quando os irmãos Dassler se separaram, Rudolf Dassler começou a valorizar a importância de um logotipo marcante para sua nova empresa, a Puma. Era um grande felino saltando, em perfil. No entanto, o primeiro logotipo da Adidas ainda deixava a desejar.

À DIREITA: publicidade da Adidas ao longo dos anos.

Great athletes start here.
At adidas, we make shoes for some of the world's greatest athletes.
Now, with the same care and attention to detail, we make shoes for children.
They come in 12 styles, in lots of bright, fun colours and in sizes from 8 upwards.
Pictured here, we have the Clipper, Tornado, Saturn and Scamp.
As you'd expect, they're built to last.
Which is really just as well when you consider what they might lead to.
adidas

ENABLING YOU TO
IMPROVE YOUR REACTION TIME

adidas
The Big Name in Sports Footwear!
A 'ARGENTINIA'
B 'VALENCIA'
C 'CADET'

adidas
The mark of a winner

Monday, back to work.
adidas

PERFORMANCE ESSENTIALS
adidas

Abaixo do nome "Adolf Dassler" havia a frase "Adidas Sportschuhe" e, no meio, um tênis de corrida com cravos entre duas listras que se estendiam a partir dos "Ds" do nome da empresa. Havia também um toque modernista: a palavra "Adidas" era apresentada em letras minúsculas, algo que a empresa manteve como elemento de sua comunicação desde então.

Se você prestar atenção nesse primeiro logotipo, notará que já havia ali, plenamente à vista, uma ótima ideia para uma solução mais poderosa em termos gráficos: as três listras, que já vinham sendo associadas à empresa. Dassler testou variações que iam de uma a seis listras paralelas; escolheu três pelo maior impacto gráfico, já que elas eram visíveis para o público dos estádios a uma certa distância, destacavam-se bem em fotos e, além disso, podiam ser costuradas com facilidade na lateral do calçado. Um design de chuteira especialmente bem-sucedido – com três tiras paralelas de couro que aumentavam a estabilidade do calçado – apenas reforçava essa associação.

ABAIXO: a evolução do logo da Adidas.

1971

1991

Mas quando Dassler decidiu formalizar a nova identidade visual, descobriu que, infelizmente, outra marca de roupas esportivas – a Karhu, da Finlândia – já havia registrado a ideia. A solução de Dassler? Em 1949, ele comprou a marca da Karhu, pagando apenas algumas centenas de marcos alemães – e ainda adocicou o acordo com duas garrafas de uísque. E foi assim, com um tilintar de copos, que a Adidas – como a empresa estava se tornando conhecida – passou a ser "a marca das três listras".

As listras funcionavam bem quando aplicadas nos calçados, mas não nas roupas (que a empresa começou a produzir em 1952). Sim, elas eram marcantes, mas também podiam ser chamativas em excesso. As três listras também não comunicavam bem isoladamente – por exemplo, nos documentos corporativos. Era preciso algo menor e mais versátil, que ficasse perfeito no peito de uma camisa, como o crocodilo da Lacoste, a manga naval da Admiral ou o grande e arrojado "W" da Wilson, para citar alguns exemplos. Em 1972, com as Olimpíadas de Munique colocando a Alemanha sob os holofotes, a Adidas talvez tenha sentido a pressão de não perder a oportunidade de se destacar.

adidas

2002

adidas

2005

Foi nesses Jogos Olímpicos que a empresa revelou o seu Trefoil – uma forma que lembrava um tridente ou uma folha em que as três listras, pelas quais a Adidas já era conhecida, poderiam ser inseridas. Cada ponta da folha tinha sido pensada para representar o (agora vasto) alcance da Adidas em três continentes: Europa, Ásia e América. O Trefoil não foi apenas revelado mas também testado: as Olimpíadas foram a primeira ocasião em que a Adidas vestiu a delegação alemã (bem como as de outros países) da cabeça aos pés, ainda que o Trefoil não viesse a ser adotado em calçados até 1976.

Munique-72 acabaria sendo uma plataforma de lançamento perfeita para a Adidas como uma marca esportiva e de *lifestyle*, com um visual que relembrava o público de suas credenciais no esporte. Entre outras vitórias, o velocista soviético-ucraniano Valeriy Borzov conquistou duas medalhas de ouro nos 100 m e nos 200 m rasos usando tênis da Adidas. Mas, inevitavelmente, tudo seria ofuscado pelo assassinato de onze atletas israelenses durante as Olimpíadas pelo grupo palestino Setembro Negro.

Ainda assim, ficou evidente a importância de uma identidade visual. Quando, quinze anos depois, a Adidas sentiu que precisava de um novo impulso, contratou Peter Moore e Rob Strasser, ex-designers e especialistas em marketing da Nike que agora comandavam sua própria empresa de consultoria esportiva. Eles aconselharam a abandonar o Trefoil em favor de algo mais direto: o logotipo da "montanha" com três barras, usado estritamente em apenas quatro opções de cores, para a nova linha Equipment (posteriormente renomeada como Performance), uma coleção criada para destacar o melhor da Adidas e enfatizar o legado da marca na produção de produtos essenciais.

"O objetivo era voltar ao que Dassler havia tentado fazer a vida toda: criar os melhores produtos para os atletas competirem", explicou Moore certa vez. E, de fato, retomar o foco na performance ajudou a salvar a marca e a restaurar a confiança dos funcionários. Esses produtos ainda são responsáveis por cerca de três quartos das vendas da empresa.

A linha Originals

Strasser e Moore também buscaram uma forma de fazer algo que a Adidas não conseguira por muito tempo: criar uma marca paralela de *lifestyle* associada à empresa. Afinal de contas, a Adidas tinha uma verdadeira mina de ouro em tênis que talvez não fossem mais considerados tão inovadores quanto ao material usado ou ao design, mas tinham autenticidade e relevância histórica, sem falar nos consumidores espalhados em grupos sociais de diferentes estilos.

Eles também constataram que, para relançar essa coleção – com design, materiais, conforto e qualidade devidamente aperfeiçoados –, seria necessário um novo nome. Decidiram por Originals. O Trefoil se

adidas

adequava perfeitamente aos tênis dessa proposta e seria usado exclusivamente neles. A linha Originals foi lançada em 2001 – ainda que uma década depois da proposta inicial de Moore e Strasser – e tornou-se um case de construção de marca, praticamente criando um segmento a partir de designs já pertencentes à Adidas. Esse fato ressaltou o *pedigree* da empresa, ao mesmo tempo que a levou para o mundo da moda. Modelos como o Stan Smith, de 1965, tornaram-se novamente um ícone *cult* depois de décadas, vendendo dezenas de milhões de pares. "Antes inovador, agora clássico, sempre autêntico", como dizia a propaganda.

É irônico que Strasser tenha tido um papel tão crucial nesse renascimento da Adidas. Na Nike, era lendário o seu ódio à marca alemã: foi ele que, ao ser encarregado de persuadir os organizadores do Torneio de Wimbledon a se afastar da Adidas, mostrou aos dirigentes uma grande foto em preto e branco que mostrava as quadras de tênis bombardeadas pela Alemanha durante a Segunda Guerra Mundial. Com esta frase: "Um oferecimento daqueles que usam as três listras" (conforme relatado na revista *Portland Monthly* em 2016). Funcionou.

À ESQUERDA: o astro do futebol David Beckham, o jogador de basquete Kevin Garnett e a cantora pop Estelle na campanha "House Party" ("Festa em Casa"), da linha Originals, em 2008, que comemorou "60 Anos de Solados e Listras".

ACIMA: Hailey Bieber usando Adidas Originals em 2018.

Strasser e Moore acabariam instalando a Adidas America em Portland, no Oregon – o lar espiritual da Nike. Moore também viria a ser CEO da Adidas por um curto período, após a morte inesperada de Strasser, aos 46 anos. Dizem que Phil Knight, CEO da Nike, nunca perdoou Moore. "Se ele só tivesse saído, até seria aceitável", escreveu Knight certa vez. "Mas ele foi para a Adidas. Uma traição intolerável."

Nada é impossível

Comparações com a Nike sempre seriam inevitáveis, como em qualquer setor dominado por dois gigantes. Agora, a Adidas tinha tanto seus tênis de performance quanto uma clara distinção entre eles e os modelos de *lifestyle* – assim como a Nike tinha entre o Flyknit e o Dunk, por exemplo. Talvez tudo o que faltasse para a Adidas fosse uma resposta ao "Just Do It" ("Apenas Faça"), da concorrente norte-americana. A marca já havia experimentado vários *slogans* em sua publicidade – "Who's Coming Second?" ("Quem Vem em Segundo?"), "Catch the Fever" ("Pegue essa Febre"), "More Power To You"

("Mais Potência Para Você") –, mas nenhum havia "pegado". Até que, em 2004, surgiu o "Impossible Is Nothing" ("Nada É Impossível"). A frase foi inspirada no ex-pugilista (que usava Adidas) Muhammad Ali, que apareceu na campanha de lançamento ao lado do jogador de futebol David Beckham, do corredor de longa distância Haile Gebrselassie e do astro da NBA (a liga de basquete profissional dos Estados Unidos) Tracy McGrady.

"Impossível é apenas uma palavra grande usada por homens pequenos que acham mais fácil viver no mundo que lhes foi dado do que explorar o poder que têm para mudá-lo", dizia o novo manifesto da Adidas. "O impossível não é um fato, mas uma opinião. O impossível não é uma declaração: é um desafio. O impossível é uma possibilidade. O impossível é temporário. Nada é impossível."

É o tipo de coisa que Ali provavelmente diria, em um de seus típicos arroubos filosóficos – e, de fato, esse discurso acabou sendo erroneamente atribuído a ele muitas vezes. Mas, na verdade, o texto foi criado por Boyd Coyner e Aimee Lehto Schewe, redatores da agência TBWA\Chiat\Day. Alguns anos depois, o "Impossible Is Nothing" foi substituído pelo "Adidas Is All In" ("Adidas: Apostando Tudo"), mas retornou em 2021 e, sem dúvida alguma, continua sendo o *slogan* mais eficaz da empresa.

Na cultura

As marcas esportivas viriam a dominar a moda de rua de uma maneira que poucos players globais desse ramo poderiam ter previsto e de uma forma que poucos realmente gostariam. Para esses especialistas em tudo relacionado a esporte, estilo era algo que estava – ao menos oficialmente – fora de suas atribuições. No entanto, a história da Adidas mostra como, querendo ou não, a cultura pode abraçar uma marca, dando-lhe ressonância para além dos estádios ou pistas.

Run-DMC

É possível que seja uma história apócrifa, mas dizem que a Adidas não tinha ideia do envolvimento dos astros da banda de *hip-hop* Run-DMC com a marca – mais especificamente, com o agasalho Beckenbauer, a jaqueta de couro M45k BEST e o tênis Superstar desamarrado (supostamente imitando os uniformes de prisão). Isso até que o executivo da Adidas, Angelo Anastasio, fosse convidado por Lyor Cohen, um dos empresários do Run-DMC, para um show no Madison Square Garden, em 1986. Lá, no momento certo, a banda convidou o público a erguer seus itens da Adidas no ar. E havia, para a surpresa atônita de Anastasio, muitos deles entre as 40 mil pessoas da plateia. Era um mar de listras.

À DIREITA: integrantes do Run-DMC usando Adidas.

D.M.C.

Afinal, embora seus produtos fossem comercializados nos Estados Unidos, a Adidas só havia aberto uma filial no país naquele ano e, com certeza, estava se perguntando por que as vendas haviam aumentado repentinamente. Isso poderia ter algo a ver com o lançamento de "My Adidas" pelo Run-DMC, o primeiro *single* de seu terceiro álbum, *Raising Hell* (1986).

A música foi escrita em resposta a um poema de Gerald Deas, ativista que vivia no mesmo bairro que o Run-DMC. Nesse poema, Deas estabelecia uma conexão entre aqueles que usavam tênis fora do contexto esportivo e a criminalidade – especialmente, o tráfico de drogas. O Run-DMC queria corrigir essa ideia: para eles, os tênis eram símbolo de estilo, *status* e cultura.

Como explicou Darryl "DMC" McDaniels, a canção nasceu do prazer que eles compartilhavam em "falar sobre seus tênis mais do que apenas quantos pares tinham". Era uma tentativa de expressar um apreço genuíno por uma peça de design e de – nos primórdios do *hip-hop* – desmistificar a associação do uso de roupas esportivas com a delinquência.

Não se sabe se Cohen estava tentando conseguir algum tipo de acordo. Afinal de contas, o Run-DMC não tinha inventado a afeição do *streetwear* pela Adidas – os dançarinos de *break* já usavam tênis Superstar, Campus e Gazelle havia anos, por seu estilo e seu conforto, assim como os skatistas viriam a descobrir os mesmos modelos. Uma das primeiras marcas de tênis voltadas para o skate, a Etnies, teria feito uma referência sutil à Adidas ao inclinar seu logo em forma de "E" para imitar a marca das três listras.

O que está claro é que, após a experiência com o Run-DMC, Anastasio marcou uma reunião de urgência com seus colegas executivos e argumentou que a Adidas precisava apoiar esse fenômeno. Eles não teriam ficado muito animados com a proposta, mas, ainda assim, liberaram US$ 1 milhão para um contrato de patrocínio.

Afinal, a canção e o apoio (vocal e visual) do Run-DMC à Adidas foram a maior promoção gratuita que qualquer marca de artigos esportivos teve a sorte de receber até então: uma foto publicitária do grupo usando correntes grossas de ouro sobre os agasalhos Adidas Firebrand, tênis Adidas Rivalry ou Superstar e chapéus Kangol se tornaria uma imagem clássica da era.

Foi por meio da parceria com a banda – a primeira oficial entre as indústrias da música e do vestuário esportivo – que a Adidas realmente conseguiu se estabelecer nos Estados Unidos, abrindo caminho para muitos outros acordos semelhantes, sem mencionar a credibilidade que angariou tanto na cultura de rua quanto no esporte. Foi o Run-DMC que popularizou a ideia de usar os tênis Adidas como chinelos, sem cadarços e com a língua do calçado orgulhosamente levantada.

Embora a união do estilo urbano da costa leste dos Estados Unidos com a precisão empresarial alemã possa ter sido uma feliz coincidência, ainda que improvável, a Adidas não poderia ter escolhido parceiro melhor: o Run-DMC se tornaria o primeiro grupo de *hip-hop* a conquistar um disco de ouro, o primeiro a ter seus vídeos exibidos na MTV, o primeiro a estampar a capa da revista *Rolling Stone* e o primeiro a receber uma indicação ao Grammy.

O movimento casual

Assim como a Adidas foi cooptada pelo *hip-hop* nos Estados Unidos, seus tênis já haviam sido incorporados por diversas subculturas na Europa, especialmente no Reino Unido. Lá, o casual – um movimento britânico de grande influência que surgiu não de um gosto musical compartilhado, mas da paixão pelo futebol, no final da década de 1970 – criou uma cultura ao tênis em torno da Adidas. Anos antes de Moore e Strasser estabelecerem a linha Originals, o movimento casual ajudou a tornar clássicos certos modelos que, de outra forma, poderiam ter desaparecido em catálogos antigos, entre eles o Stan Smith, o Forest Hills, o Harvard, o Gazelle, o Samba e o Trimm Trabb, assim como o States e o Argentina, da Puma.

Muitos desses modelos chegaram ao Reino Unido, vindos da Alemanha, pelo movimento casual. O acesso a esses produtos se dava por meio de viagens baratas para ver jogos no continente europeu, e usar algo que

À DIREITA: Victoria Beckham usando Stan Smith.

não se encontrava em casa conferia prestígio. Além disso, o movimento foi pioneiro no Reino Unido em colocar, na moda, o vestuário esportivo, conhecido por seu visual, suas cores e seu conforto levemente extravagantes.

"Eu acredito que a Adidas seja intrínseca à cultura", disse Gary Aspden, consultor de longa data da marca e curador da linha Spezial, à revista *Dazed* em 2013. "Quando invadíamos armazéns e fazíamos festas de *acid house* no Reino Unido, no final dos anos 1980, todos nós usávamos a linha Adidas ZX Torsion. Os tênis eram muito importantes para nós. Eles eram símbolos, uma forma muito sutil de comunicação. Eu ia comprar Adidas em lojas que vendiam raquetes, bastões de críquete e carabinas. A gente estava tomando posse de algo, adaptando e mudando um contexto."

De fato, a ressonância da Adidas na cultura popular pode ser considerada anterior ao *hip-hop*, ao *acid house* e ao movimento casual. Embora os tênis não fossem usados como uma declaração de estilo, os modelos da Adidas eram os preferidos, na década de 1970, de figuras como Jim Morrison (vocalista do The Doors) para jogar futebol. O cantor jamaicano Bob Marley era fã dos tênis da marca, das chuteiras Copa Mundial, das camisetas Trefoil amarelas e do agasalho Beckenbauer (ele aparece usando um deles em um comercial da Adidas para a Copa do Mundo de 1998).

À ESQUERDA: a estrela do *reggae* Bob Marley usando Adidas durante partida de futebol.

Dizem que Marley gostava da Adidas, em parte, pela semelhança sonora entre o nome da marca e Adis Abeba, capital da Etiópia e berço do rastafarianismo. Ele pode, com certeza, ser considerado um dos primeiros astros a usar traje esportivo da cabeça aos pés, tanto jogando bola quanto fora de campo.

Paul Cook, baterista dos Sex Pistols, e David Bowie também usavam Adidas. Bowie preferia as botas de boxe (naturalmente, combinadas com terno) e o modelo Stan Smith – fato que a Adidas homenagearia com o lançamento de uma edição "Ziggy" do tênis.

Nu metal

A repercussão da Adidas no pop não se limitou ao *hip-hop* e ao *acid house*. A marca também se destacou entre as bandas de *nu metal*, como Limp Bizkit (um personagem ilustrado usa o modelo Superstar na capa do álbum *Significant Other*, de 1999) e Korn (que teve um sucesso subversivo em 1987 com "A.D.I.D.A.S."). O título da canção era, possivelmente, um acrônimo para "All day I dream about sex" ("Todo dia eu sonho com sexo"), piada interna que existia entre os funcionários da loja de artigos esportivos em que o vocalista, Jonathan Davis, trabalhou. Além disso, era uma referência ao espírito inovador e à atitude ousada de qualquer banda de *metal* que adotasse tênis coloridos alemães e agasalhos chamativos, um estilo que seus fãs rapidamente abraçaram com entusiasmo. Não é à toa que seu tipo de música foi chamado de "rock Adidas" por alguns críticos.

Davis descreveu o estilo Adidas da banda à revista *Kerrang!* em 2021: "Tinha a ver com quebrar o padrão, derrubar barreiras . ir contra tudo o que achavam que o *metal* deveria ser". Ex-DJ de festas do ensino médio, Davis preferia o *hip-hop* da velha guarda e foi, inevitavelmente, influenciado pelo Run-DMC. "Eu só pensava: 'Que visual maneiro!'", disse ele. "Acho que tem a ver comigo." O estilo eclético que agradava aos fãs também tornava difícil para os executivos da indústria musical encaixá-los em um rótulo. "Foi tipo, 'o que fazemos com esses caras?'", lembrou Davis. "Esse cara está tocando gaita de fole vestindo um agasalho!"

ACIMA: a banda de *nu metal* Korn usando Adidas.

Assim como os executivos, a Adidas não sabia o que fazer com o Korn. A empresa estava disposta a

oferecer algum *merchandise* gratuito, mas não chegou a assinar um contrato de patrocínio. "A resposta deles foi: 'A Adidas é uma marca esportiva. O nosso negócio é esporte, não é música'", contou um incrédulo Davis. "Eu olhava para a plateia e via todo mundo usando coisas da Adidas nos nossos shows, mas eles não foram capazes de fazer nada por nós." Essa decisão teve um preço. Quem entrou com um contrato de patrocínio de US$ 500 mil em 1998? A Puma, claro, com a empresa de Rudolf Dassler até colocando a banda em comerciais para atingir os fãs de *nu metal*. "Ficamos pensando: 'P* que pariu! Isso é mais do que a Adidas jamais fez por nós!'. Não era uma questão de venda, mas de respeito", explicou Davis.

Como Davis também insinuou, pode ter sido falta de *timing*: a Adidas ainda não havia entendido direito sua importância cultural pop, muito menos a abraçado. E qualquer coisa muito fora da curva talvez representasse uma proposta mais complicada para os chefões da Adidas.

Não que a Adidas não tivesse apoio especializado e de peso. Nos anos seguintes, Jay Kay, vocalista do Jamiroquai e colecionador fervoroso da marca, dificilmente era visto sem um par de Gazelles – que aparecem com destaque no clipe de "Virtual Insanity" (1996) –, além de camisetas e agasalhos com as três

À ESQUERDA: Jay Kay, do Jamiroquai, usando Adidas no palco.

listras. Ele acabaria ganhando seu próprio modelo, o Oregon JK. Jay, inclusive, foi para a internet em 2023 mencionar que estava sem o tênis e pedir, brincando: "Querido tio Adidas . você poderia fazer mais alguns?". O tio Adidas atendeu prontamente ao pedido. Como Jonathan Davis comentaria, não demorou para que as comportas das parcerias lucrativas se abrissem: "Depois tivemos Kanye West e todos os outros com seus próprios tênis da Adidas .".

No Reino Unido, a imprensa agitou o pop com uma suposta rivalidade entre as bandas Blur e Oasis, mas ambas concordavam no gosto pela Adidas, com os modelos Gazelle e Samba sendo seus favoritos. Blur até citaria a Adidas – o álbum *13*, de 1999, inclui a música "Trimm Trabb" –, enquanto os vocalistas das duas bandas acabariam criando seus próprios tênis para a linha Spezial.

Yeezy

Ao que parece, a Adidas finalmente havia entendido a mensagem: a música poderia ser uma forma de promover seus produtos, algo a ser constantemente incentivado. E foi o que a empresa fez. O século XXI veria colaborações com Pharrell Williams, Beyoncé Knowles e Missy Elliott, que em 2004 lançou com a Adidas uma linha de moda chamada Respect M.E. "Eu sou fã da Adidas desde o Run-DMC", disse Elliott.

À DIREITA: a estrela do pop britânico Noel Gallagher, do Oasis, apresenta-se em Londres, em 1994.

Mas talvez tenha sido a parceria com Kanye West e sua marca, Yeezy – batizada por Jay-Z como Kanyeezy e lançada no final de 2013 –, que tenha atraído mais atenção, especialmente porque o rapper já havia criado modelos de tênis para a Nike. A saída da empresa norte-americana foi ruidosa, com alegações de que não havia recebido os devidos *royalties*. Assim como o ex-executivo da Nike Rob Strasser, West fez o que, aos olhos da marca norte-americana, era a pior resposta possível: mudou-se para a concorrência. O que se seguiu foi um testemunho da importância da conexão entre marcas históricas e públicos mais jovens, especialmente por meio das colaborações com celebridades e de designs mais ousados. Mas também foi uma demonstração de como essas ações podem ser difíceis de gerenciar.

Contratar Kanye West foi uma grande sacada da Adidas, e não só porque – em comparação com a Nike, pelo menos – a situação da Adidas não era das melhores. Em 2013, as vendas da Adidas nos Estados Unidos estavam caindo, ao contrário das da Nike, que estavam em alta. Em um levantamento oficial dos melhores lançamentos de tênis do ano, a Adidas tinha apenas cinco modelos, contra trinta da Nike. Mas, apenas três anos depois – após o lançamento de sucessos como o Yeezy Boost 750, com seu calcanhar com zíper, e o Yeezy 350 "Turtle Dove" de Primeknit mesclado –, as vendas da Adidas tinham aumentado em quase um quinto, o dobro do crescimento da Nike.

À ESQUERDA: Kanye West com o modelo Yeezy 750 na Semana de Moda de Nova York de 2015.

O então presidente da Adidas na América do Norte, Mark King, não tinha dúvidas sobre o motivo: "Definitivamente, acho que Kanye ajudou a tornar a Adidas interessante de novo", acrescentando que também acreditava que se tratava de uma boa relação de trabalho. "Se tivesse sido apenas o Kanye, teria subido e caído muito rápido."

Em 2016, a Adidas fechou um novo contrato com West para que ele criasse modelos para a empresa na década seguinte, no que a Adidas chamou de "a parceria mais significativa entre um não atleta e uma marca esportiva". O acordo se provou inspirador para a Adidas – os designs de West, como o NMD e o Ultraboost, traziam uma abordagem nova e mais moderna. Em 2019, a Yeezy sozinha faturava mais de US$ 1 bilhão para a Adidas, além de uma pequena fortuna em *royalties* para o rapper.

Mas então a Adidas se viu mergulhada em um pesadelo de relações públicas, incapaz de gerenciar os comentários

À DIREITA: a modelo Adut Akech com o agasalho Adidas × IVY PARK, uma *collab* com Beyoncé.

ABAIXO: Solar HU NMD, colaboração com o rapper Pharrell Williams.

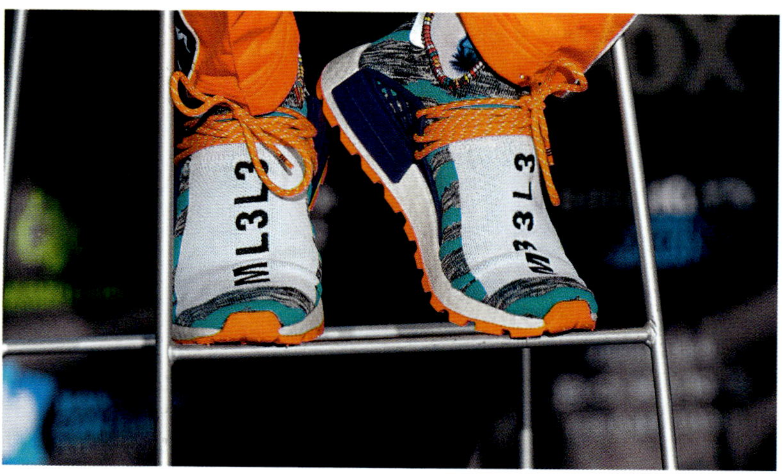

polêmicos de alguém que era, de certa forma, ainda um estranho para a empresa, um autônomo não atrelado às expectativas corporativas. As opiniões e as posições políticas de West corriam o risco de ofender o público da Adidas. A marca encarou a turbulência, precisando justificar seu relacionamento com West, principalmente porque as vendas da Yeezy continuavam a crescer e a previsão era atingir US$ 2 bilhões até o final de 2021.

West também ficou mais exigente: pediu um assento no Conselho da Adidas e afirmou que usaria Jordans da Nike até conseguir. Depois, acusou a Adidas de copiar o design da sua sandália Yeezy em uma nova versão do Adilette. "Isso é para todos que querem se expressar livremente, mas sentem que não podem porque perderiam seu contrato ou seriam chamados de loucos", escreveu ele. West fez comentários inapropriados sobre a morte do CEO Kasper Rørsted e sobre seu plano de encerrar todos os seus contratos com marcas, terminando seu contrato com a Gap na sequência.

Finalmente, em 2022, quando Kanye West foi acusado de reproduzir estereótipos antissemitas sobre o poder judeu nas redes sociais, a Adidas se viu obrigada a romper seus laços com o rapper, embora um pouco tarde e sob pressão de uma campanha nas redes sociais contra a empresa. A hesitação da Adidas era compreensível do ponto de vista financeiro: a Yeezy representava 10% da receita da empresa. E havia cerca de US$ 750 milhões em estoque do modelo do tênis –

que a empresa acabaria decidindo vender, doando uma parte dos lucros para a caridade. A Adidas manteria pelo menos os direitos sobre os designs da Yeezy que ainda não haviam sido lançados.

Posteriormente, uma reportagem do *New York Times* expôs o quanto a relação entre a Adidas e Kanye West foi conturbada desde o início. Segundo os relatos, West demonstrou sua insatisfação com um design para o tênis Yeezy desenhando, sobre ele, uma suástica – um símbolo proibido na Alemanha.

"O que acontece entre mim e a Adidas é que eu posso literalmente dizer m* antissemita e eles não podem me dispensar", diria West em um *podcast*. Ele estava enganado.

Moda

A música não foi o único caminho trilhado pela Adidas na cultura pop. Construir relacionamentos com estrelas do esporte foi algo natural, e nesse quesito a marca pôde contar com inúmeros ícones, do tenista Ilie Năstase ao *bad boy* da Fórmula 1 James Hunt, passando pelo gigante do futebol Gerd Müller e pelo grande jogador de basquete Kareem Abdul-Jabbar.

Outros, com o benefício da retrospectiva, a Adidas deixou escapar de maneira inacreditável. Em meados da década de 1980, a lenda do basquete Michael Jordan recebeu uma proposta de patrocínio impressionante da Nike. Mesmo assim, ele quis continuar com a Adidas.

"Procurei o meu contato na Adidas e disse: 'Esse aqui é o meu contrato com a Nike. Se vocês chegarem perto, eu assino com vocês'", lembrou Jordan certa vez. Ainda visando mais as qualidades de um produto do que a divulgação, a Adidas não entendeu. E não entendeu Jordan.

Assim como no esporte, o poder da marca Adidas garantia que ela fosse uma presença constante na TV e no cinema. Por exemplo, no seriado policial de sucesso dos anos 1970 *Starsky & Hutch: justiça em dobro*, Starsky calça um par do SL72 toda semana. Em *Um tira da pesada* (1984), Eddie Murphy usa um Adidas Country, com destaque no pôster. Sylvester Stallone e Michael J. Fox aparecem usando Adidas em *Rocky IV* (1985) e *O garoto do futuro* (1985), respectivamente. Ewan McGregor calça Samba Super em *Trainspotting: sem limites* (1996), enquanto Macaulay Culkin usa Adidas Forum em *Esqueceram de mim* (1990). Em 2021, a Adidas lançaria uma réplica exata, incluindo as marcas de queimaduras referentes ao enredo do filme. Ao que parece, os tênis Adidas são usados até no futuro: Harrison Ford calça um Stan Smith totalmente preto, personalizado, em *Blade Runner: o caçador de androides* (1982).

Assim como fazia com atletas, a Adidas buscou continuamente parcerias com estrelas das telas

À DIREITA: Eddie Murphy usando Adidas Country em *Um tira da pesada* (1984).

He's been chased, thrown through a window, and arrested.
Eddie Murphy is a Detroit cop on vacation in Beverly Hills.
BEVERLY HILLS
Cop
PARAMOUNT PICTURES PRESENTS A DON SIMPSON/JERRY BRUCKHEIMER PRODUCTION IN ASSOCIATION WITH EDDIE MURPHY PRODUCTIONS · A MARTIN BREST FILM
EDDIE MURPHY · BEVERLY HILLS COP · MUSIC BY HAROLD FALTERMEYER · SCREENPLAY BY DANIEL PETRIE, JR. · STORY BY DANILO BACH AND DANIEL PETRIE JR.
PRODUCED BY DON SIMPSON AND JERRY BRUCKHEIMER · DIRECTED BY MARTIN BREST · MOTION PICTURE SOUNDTRACK ALBUM ON MCA RECORDS AND TAPES
DOLBY STEREO
A PARAMOUNT PICTURE

ACIMA: Michael Michael J. Fox em *O garoto do futuro* (1985).

grandes e pequenas. E, de fato, uma análise de cerca de 3 mil filmes e programas de TV constatou, em 2023, que a marca foi a que teve a segunda maior quantidade de inserções de produto (590, atrás apenas da Nike). Ainda assim, foi na moda que o poder da Adidas na cultura contemporânea melhor se expressou – e nesse setor, pode-se dizer, superou a Nike com folga.

A Adidas não apenas fez colaborações com grifes e designers importantes, embora nichados – como A Bathing Ape (BAPE), Craig Green, Fear of God, Palace, Moncler e Wales Bonner, entre outros –,

ACIMA: Sylvester Stallone em *Rocky IV* (1985).

como também se associou a diversos nomes de grande prestígio, como Balenciaga, Raf Simons, Rick Owens, Gucci e Prada. Stella McCartney e Yohji Yamamoto firmaram parcerias de longo prazo com a empresa de artigos esportivos.

A Y-3 (nome da parceria entre Yamamoto e Adidas, lançada em 2003, combinando a inicial de "Yamamoto" com o dígito de referência às três listras) teve tamanha longevidade que se tornaria uma marca por si só. A Y-3 era conhecida pelas variações em designs tradicionais da Adidas – por exemplo, tops drapeados estilo agasalho, tênis Stan

Smith bicolores ou os primeiros trajes de futebol e chuteiras "de grife" – e por novos produtos, como coturnos e a verdadeira vanguarda, as botas Shibutsu.

É surpreendente que a Y-3 tenha perdurado tanto tempo, considerando quão inovador o projeto era inicialmente. Quando Yamamoto apresentou a ideia de uma coleção híbrida de moda e esporte à Nike, "a resposta deles foi bem direta e incisiva: 'Não, não, não. Nunca vamos fazer isso. Nós só fazemos roupa para esporte'", lembra o estilista. "Liguei para a Adidas, e eles disseram sim na hora."

ACIMA: coleção primavera-verão 2018 da Y-3.

Esse fato levou à criação de uma divisão completamente nova na Adidas: a Sports Style, a exemplo da Performance e da Originals. Pode-se dizer que também representou atravessar o portal para uma relação mais direta entre a moda de luxo e as roupas esportivas, algo que muitas outras empresas viriam a explorar mais tarde.

Como Yamamoto observou na época do lançamento da Y-3, cada vez mais os consumidores buscavam inspiração não em estilistas, mas em atletas e estrelas do rock – uma razão pela qual ele mais tarde usaria o herói do futebol francês Zinedine Zidane para promover as coleções da Y-3. E, ainda assim, era muito difícil encontrar roupas esportivas que funcionassem para o cotidiano. "O que eu vejo, o corte, a mistura de cores, é horrível", disse ele na ocasião.

"Criamos algo inédito, totalmente voltado para o futuro", explicou Yamamoto ao jornal *The Independent*. "A Y-3 abriu um novo nicho no mercado de moda e roupas esportivas. Eu queria tornar a roupa esportiva – em uma era voltada para o esporte e a consciência corporal – elegante e sofisticada. É como uma criança nascida de dois pais com um DNA completamente diferente."

Essa era uma ideia a ser aproveitada: dois anos após o lançamento da Y-3, a Adidas fechou contrato com Stella McCartney para produzir uma coleção voltada à performance feminina: tudo, de *leggings* e calças de ioga a sutiãs esportivos, coletes e jaquetas de corrida. A linha foi chamada simplesmente de adidas by Stella McCartney.

Além de estar um passo à frente na iminente explosão do estilo *athleisure* – união das palavras "athletics" ("atletismo") e "leisure" ("lazer") –, a principal contribuição de McCartney para a Adidas foi impulsionar a sustentabilidade. Em 2015, por exemplo, a linha McCartney da Adidas incluía protótipos de tênis feitos de resíduos plásticos marinhos reciclados, transformados em um material *premium* pela empresa de ciência de materiais Parley – que, em quatro anos, ampliou as linhas de fornecimento para permitir a produção de mais de 11 milhões de pares.

McCartney também conduziu o programa de circularidade "Adidas Made To Be Remade" ("Adidas Feita Para ser Refeita"), que resultou em peças como o Infinite Hoodie, espécie de moletom de capuz feito de uma fibra artificial desenvolvida pela empresa Evrnu. O material tinha como base roupas descartadas e algodão orgânico oriundo de aterros sanitários. A ideia era reaproveitar o "moletom infinito" ao final de sua vida útil. Ela ainda firmou parceria com a Bolt Threads – outra empresa de tecnologia sustentável – para criar um vestido para tenistas feito de um fio que misturava celulose e Microsilk (material à base de proteínas, produzido com açúcar e levedura). O Stan Smith vegano veio na sequência.

"Eu não abriria mão do estilo em favor do esporte, mas, na época em que começamos, ninguém mesclava moda com peças de performance e não havia um lugar evidente para vender isso", disse McCartney sobre a parceria, em 2016. "Hoje, as pessoas compreendem melhor essa proposta. Para manter nossa liderança, contamos com a tecnologia, na qual a Adidas é pioneira."

À DIREITA: coleção outono–inverno 2022-2023 da Adidas Gucci.

É claro que essas relações comerciais eram mutuamente benéficas: a Adidas oferecia o *status cult* do mundo dos tênis, enquanto as marcas de alto padrão traziam o apelo da sofisticação. A Adidas estava tão interessada em entrar nesse mercado mais requintado que, em 2023, processou o estilista norte-americano Thom Browne por ter usado uma estampa de quatro listras em vários de seus calçados e roupas esportivas. A marca argumentou – sem sucesso, porém – que aqueles design*s* eram facilmente confundidos com sua marca registrada (as três listras). Jeremy Scott, designer que trabalha com a Adidas e é mais conhecido por seus modelos "alado" e "panda" de cano alto, destacaria o apelo mais profundo dessas colaborações.

"O que eu sempre amei na Adidas é que eles têm uma conexão genuína com a cultura pop", disse Scott à revista *Complex* em 2011. "Isso envolve música, moda e inspiração, e sempre foi autêntico. Quando a cultura *rave* se associou à Adidas, eles não hesitaram. Apenas disseram: 'Ok, legal!'. Eles entenderam que seu logo *vintage* carrega significados diferentes para diferentes pessoas. Quando o Run-DMC declarou seu amor pela Adidas, a marca abraçou isso. [Muitas empresas] têm uma certa resistência à cultura pop, e [enquanto isso] eu estou levando a Adidas para um território inexplorado."

À ESQUERDA: apresentação da linha adidas by Stella McCartney, em 2014.

A Adidas tem uma longa história, mas, do ponto de vista do design, essa história se divide em duas: a da linha Originals e a do restante. Tecnologicamente, muitos tênis da linha Originals são verdadeiras peças de museu. No entanto, essa simplicidade (conforme os padrões do século XXI) assegura sua longevidade, permitindo que ressoem com diversos estilos e se mantenham relevantes, mesmo quando produtos mais sofisticados rapidamente se tornam obsoletos.

À medida que os códigos de vestimenta se tornam mais casuais (tanto no trabalho quanto fora dele) e usar tênis sem estar praticando nenhum esporte se torna mais comum, a Adidas vai colhendo os frutos: muitos dos seus modelos mais antigos, como o Superstar e o Stan Smith, combinam com qualquer coisa. A simplicidade inerente aos Originals os torna ideais para variações infinitas: basta alterar uma cor ou uma textura e você tem um tênis totalmente novo. Eles também vêm desempenhando seu papel na definição da ideia de conforto por mais de uma geração.

À DIREITA: Freddie Mercury, do Queen, usando Adidas no Live Aid, em 1985.

Mais recentemente, a Adidas conseguiu (talvez mais do que a rival Nike) incorporar a moda à sua causa. Para cada fã dos Originals, há um consumidor para seus *designs* mais ousados, radicais e extravagantes – atributos que, em muitos casos, estão ligados à inovação. Para cada classicista da Adidas, há um vanguardista; para cada minimalista, um maximalista.

A longa história da Adidas e sua disposição para criar tênis até para esportes menos conhecidos construíram um vasto repertório. O fato de que apenas alguns estilos tenham se tornado icônicos não reflete a ampla produção da Adidas. A constante experimentação, embora nem sempre bem-sucedida, resultou em diversos modelos desconhecidos, mas também criou fãs que desejam reedições. Assim, inevitavelmente, alguns desses estilos só podem ser brevemente citados neste livro.

Entre os modelos e estilos não abordados, estão: o Adicolor Hi (1984), embalado com marcadores para que as crianças pudessem personalizá-los; o ADAN (2001), ou "All Day All Night" ("O Dia Todo, A Noite Toda"), tênis de basquete com zíper que podia ser usado da quadra à discoteca; o Edberg 86 (1986), tênis assinatura do tenista sueco de mesmo nome, que ajudou a levar cor para o esporte; o Eldorado (1987), o melhor dos especiais do Run-DMC; o Equipment Racing (1993), com seu corte sem língua, semelhante a uma sandália; o Spezial (1979), porque até o handebol precisava do seu próprio calçado; o Achill (1968),

ACIMA: anúncio de 1998 do Adidas Forum Supreme.

o pioneiro tênis de corrida com cadarço rápido; o SL72 (1972), modelo de treinamento multifuncional e, provavelmente, o primeiro *cross-trainer*; o Forest Hills (1979), batizado em homenagem ao bairro no distrito do Queens, em Nova York, onde o US Open foi realizado até o ano anterior ao lançamento do calçado; o Oregon (1982), um nome que faz uma provocação à Nike e ao advento do sistema de absorção de impacto criado por Bill Dellinger; o Top Ten (1979), talvez melhor do que o Air Jordan?

E esses são apenas alguns.

Samba

Na época da Copa do Mundo de 1950, realizada no Brasil (a primeira vez que o país sediou o torneio), a Adidas já tinha uma reputação estabelecida como fabricante de chuteiras. Ainda assim, a empresa quis aproveitar a publicidade em torno do evento e criar um tênis que marcasse a ocasião: o Samba. Ele continua sendo produzido, apesar de sua primeira versão ter sido lançada apenas quatro anos após o fim da Segunda Guerra Mundial. É o segundo tênis mais vendido da Adidas, atrás apenas do Stan Smith, e até hoje é o modelo mais longevo (ainda que com diversas variações).

O Samba, originalmente lançado como um calçado de cano médio e voltado para o futebol, trazia diversas inovações para a época. Seu solado de goma marrom "pegajosa" tinha ventosas para oferecer melhor aderência em superfícies duras ou geladas para as quais o modelo foi projetado. O cabedal era de um couro espesso de canguru, preto, e apresentava as icônicas três listras brancas da Adidas e letras douradas. Reconhecendo que o tênis provavelmente não teria uma aceitação imediata no Brasil (já que o país não costuma ter solos congelados), a Adidas escolheu cuidadosamente o nome do produto para homenagear o tradicional gênero de música brasileira e, assim, chamar a atenção da mídia.

À DIREITA: a modelo Gigi Hadid usando Samba.

T757918C

ACIMA: Samba nas tradicionais cores preto e branco.

Como esperado, o Samba acabou fazendo mais sucesso entre os jogadores de futebol no frio da Europa. Na década de 1970, ele ganhou vida nova, tornando-se o preferido para a prática de futsal em superfícies de madeira, concreto e grama artificial, além ter sido adotado por torcedores de futebol adeptos do movimento casual do Reino Unido, que preferiam um produto mais leve e de corte baixo. O modelo, embora semelhante ao Gazelle, destacava-se pelo "T" na biqueira e pela combinação de couro e camurça.

O fato de Bob Marley, um fanático por futebol, ter sido frequentemente fotografado usando o Samba durante a década de 1970 pode ter ajudado a despertar o interesse para além do esporte. É certo que o Samba não se limitou ao futebol – ele foi um dos primeiros tênis a migrar para outros esportes, tendo sido adotado no nível amador. Na década de 1980, suas qualidades (especialmente aderência, estabilidade e resistência) atraíram também os skatistas, inspirando a criação e o estilo do Busenitz, o tênis da Adidas para skate, em 2006.

ACIMA: colaboração Adidas e Wales Bonner.

ACIMA: Samba Primeknit.

Na década de 2010, o Samba foi descoberto por celebridades e revitalizado por meio de parcerias com seus fãs, como o ator Jonah Hill e a cantora Beyoncé, e grifes como Fear of God, Craig Green e Wales Bonner, cujas interpretações renovaram a marca Samba. A Adidas também produziu uma edição especial com o fabricante britânico de calçados Clarks. Além disso, pela primeira vez foram feitas versões em cores vivas, em vez da coloração em preto e branco que havia marcado o Samba por décadas.

Não que o Samba tenha deixado o esporte para trás: em 2014, a Adidas lançou a primeira chuteira de futebol do mundo com cabedal de malha, considerando-a tão inovadora que um retorno às raízes parecia apropriado, resultando no Samba Primeknit. Em 2021, a marca apresentou o Velosamba, uma versão do Samba com uma janela no solado para acomodar presilhas de pedais de bicicleta Shimano.

Isso certamente fez parte da estratégia do CEO da Adidas, Bjørn Gulden, de capitalizar o fato de o Samba ser, em 2022, "o tênis mais quente do mercado", vendendo "milhões e milhões" de pares. As vendas do Samba teriam aumentado dez vezes em apenas um ano. No entanto, após vários verões em que o modelo se destacou como o calçado da moda, a revista *GQ* questionou: "Será que exageramos no *hype* em torno do Adidas Samba?". Isso exemplifica como funciona a moda com os itens da Adidas – um estilo do antigo catálogo, ao ser redescoberto, frequentemente se torna um fenômeno de tendência.

Stan Smith

O tênis Stan Smith é um dos calçados esportivos mais amados de todos os tempos. Em 1988, o modelo entrou para o *Guinness Book of Records* por ter vendido mais de 22 milhões de pares. Até a publicação deste livro, as vendas já ultrapassaram os 100 milhões de pares.

O nome é uma homenagem ao campeão de tênis norte-americano Stanley Roger Smith. Quando foi lançado, em 1963, o modelo – fabricado na França – levava o sobrenome do tenista francês Robert Haillet. Não era muito diferente de outros tênis da Adidas da época, como o Monte Carlo, o Rod Laver ou o John Newcombe.

O fato de ser um modelo muito simples, com biqueira redonda e visual minimalista, explica em grande parte sua rápida adoção fora das quadras, tendo sido usado por John Lennon e, mais tarde, por David Bowie. No entanto, para a época ele era tecnicamente original. Era feito de couro em vez da tradicional lona – uma ideia atribuída ao filho de Adi e então CEO da Adidas, Horst Dassler –, o que melhorava a durabilidade e o conforto, além de não desbotar com o suor, um problema real quando se esperava que os jogadores de tênis usassem branco. Suas laterais perfuradas favoreciam a ventilação. Essas perfurações formavam três linhas paralelas, e o Haillet/Stan Smith é o único clássico da Adidas que apenas faz referência às conhecidas três listras em vez tê-las de modo evidente.

Aparentemente, a Adidas sabia que tinha um clássico em mãos. Quando Haillet se aposentou, em 1971, a empresa começou a procurar outro jogador para promover o calçado. Em 1972, o agente esportivo Donald Bell – que mais tarde seria o responsável por um dos contratos de Michael Jordan com a Nike – sugeriu Smith como um candidato óbvio para Horst Dassler. Afinal, ele havia sido campeão de Wimbledon, além de já ter conquistado o US Open (em 1971). Era a escolha perfeita para a entrada da Adidas no mercado norte-americano.

Por sugestão de Horst Dassler, ele, Bell e Smith se encontraram – para surpresa de Smith – à meia-noite em uma boate parisiense, sob o propósito de discutir

ACIMA: Stan Smith em suas cores originais (verde e branco).

o acordo. "Vimos todas aquelas mulheres muito elegantes desfilando em *smokings*", recordou Smith. "Estávamos falando sobre um contrato de tênis, mas eu não conseguia prestar atenção."

Os primeiros tênis com a identificação Stan Smith saíram da linha de produção em 1973. No entanto, esse não era seu único nome. Estranhamente, o tênis seria conhecido como Stan Smith-Haillet pelos cinco anos seguintes, trazendo os nomes de ambos os jogadores na lingueta, ao lado de um retrato do norte-americano. É possível que alguns nem reconhecessem Smith naquela imagem, já que o retrato foi feito durante os únicos seis meses da sua vida em que ele não usou bigode. Somente nos anos 2000 uma edição especial de skate do modelo atualizou a imagem, incluindo a assinatura do jogador.

"Lembro-me de estar devolvendo um saque, olhar para os meus tênis e ver o meu rosto neles pela

primeira vez. Foi uma experiência estranha", contaria Smith no documentário *Who is Stan Smith?* (2022). "E logo depois fiquei chateado, porque perdi para um cara que estava usando os meus tênis. Não gostei disso."

Em outra ocasião, ao perceber que o adversário (que também estava usando o Adidas Stan Smith) havia riscado seu nome no par, ele brincou dizendo que, pelo jeito, o rival não ia muito com a cara dele. O jogador, então, contou-lhe que era patrocinado por outra marca e nem deveria estar usando Stan Smiths, embora fossem seus tênis preferidos.

"Tem gente que pensa que eu sou um tênis."

A partir de 1978, apenas o nome de Smith apareceu no calçado, mas, a essa altura, o interesse dos tenistas vinha diminuindo em razão da chegada de itens mais avançados. No entanto, o modelo ganharia vida nova como acessório de moda. A Adidas percebeu essa força: embora fosse um item essencial da sua linha Originals, em 2011 a empresa interrompeu a produção do Stan Smith por dois anos (a escassez resultante apenas ajudou a alimentar o *hype*) e relançou uma versão sutilmente atualizada em 2013 para o aniversário de 40 anos do modelo.

À ESQUERDA: Stan Smith joga em Wimbledon, na década de 1970, usando o modelo que leva seu nome.

ACIMA: a simplicidade do Stan Smith faz dele uma base ideal para variações.

O Stan Smith provaria ser o favorito das celebridades e dos ensaios de moda. No entanto, foi uma série de parcerias (com, por exemplo, Pharrell Williams, Raf Simons e Stella McCartney) que ajudou a aumentar o interesse pelo produto. Em alusão ao icônico calcanhar verde e ao design da lingueta da popular versão "Cloud White" ("Nuvem Branca") do tênis – a mais vendida até hoje –, até Caco, o Sapo (dos Muppets) recebeu uma edição especial. A simplicidade do tênis permitiu fácil customização e uma infinidade de variações: cores ousadas e versões bicolores; versões que apresentavam experiências com materiais veganos e outros materiais sustentáveis ou que recebiam uma repaginação "luxuosa". Também foram feitas parcerias com *Toy Story* e *Star Wars*, além de edições que trocavam o retrato de Stan Smith na língua pelo de celebridades como Ellen DeGeneres e que incluíam atualizações técnicas da Adidas, como o Primeknit ou o Boost.

As variações dos tênis Stan Smith foram tantas que, na consciência coletiva, acabaram ofuscando as conquistas no esporte do homem que deu nome ao calçado: "O tênis é feito pela Adidas, mas é parte integrante de mim. Tem gente que pensa que eu sou um tênis", brincou o ex-jogador em entrevista à revista *Hypebeast* em 2022. "Muita gente me conhece não pela minha carreira, mas por causa do calçado. No começo, quando ele fez sucesso na moda, foi realmente um choque para mim. Eu o via como o meu 'calçado de trabalho' quando estava jogando, então não conseguia imaginar as pessoas usando-o fora das quadras."

Não que ele estivesse reclamando. Embora não tenha ganhado seu modelo exclusivo original, contentando-se com a herança de outro jogador, Smith ainda recebe uma comissão para cada par de Stan Smith vendido. Entretanto, ele já mencionou que ainda não pode usar um par de Stan Smiths no Camarote Real de Wimbledon.

Adilette Slide

Seria curioso para Adi Dassler, que se orgulhava de criar produtos altamente técnicos, voltados para o esporte, ver que na década de 2020 a Adidas teria como item *cult* um simples chinelo. No entanto, de certa forma, em sua origem, o Adilette Slide não esteve totalmente dissociado da motivação técnica.

Em 1963, um treinador de futebol amigo de Dassler comentou sobre um problema: os chuveiros comunitários que os jogadores precisavam usar após uma partida eram como uma piscina de germes. Dassler imediatamente encontrou a solução: um calçado simples, de espuma injetada, que, sendo à prova d'água, poderia ser usado no chuveiro. Além disso, teria ventosas no solado (como no tênis Samba) para garantir a aderência ao piso molhado.

Ele tinha essa ideia em mente porque já havia refletido sobre o assunto anos antes, fazendo uma espécie de protótipo que usava no jardim, em seus dias de folga. O calçado tinha solado amplo e uma faixa larga para manter o pé no lugar com conforto. Era uma solução simples e elegante para atravessar o jardim de volta para casa.

Mas Dassler sabia também que a tecnologia ainda não estava madura o suficiente para fazer um produto do tipo, pelo menos não algo tão flexível. Isso mudou em 1970, quando Dassler encontrou a máquina que podia injetar espuma como ele imaginava. Após dois anos de experimentação, o Adilette Slide – com três

À DIREITA: Adilette Slide.

listras chamativas na parte superior – foi lançado, pouco antes das Olimpíadas de Munique, em 1972. Os nadadores imediatamente começaram a usar o produto dos vestiários até a beira da piscina, assim como muitos outros atletas nos bastidores.

No entanto, Dassler identificou um problema no design. Em 1975, ele percebeu que o formato padrão do chinelo o deixava menos confortável dependendo do tipo do pé, o que estava afetando as vendas.

"Um dos principais motivos é que, por causa das três listras, não podemos fazer a tira do peito do pé ajustável", observou Dassler, de acordo com documentos mantidos pela Adi & Käthe Dassler Memorial Foundation. "Essa tem sido uma desvantagem, porque cada pé tem uma largura e uma altura. No modelo anterior, os jogadores de futebol com peito do pé alto podiam contornar esse problema não deslizando o pé completamente, fazendo com que o calcanhar ficasse um pouco para fora da borda traseira. Mas o nosso novo solado moldado tem uma borda tão alta que eles não conseguem mais fazer isso."

Havia também a questão da percepção. Era uma prova de que os clientes estavam usando o Adilette não para o propósito original, mas como um chinelo do dia a dia, e começaram a surgir reclamações de que eram muito largos. Dassler explicou que, "do ponto de vista médico e ortopédico", isso na verdade era uma vantagem, já que "o pé é forçado a trabalhar enquanto caminha, o que fortalece os músculos". Ele anotou que era o mesmo princípio aplicado às "sandálias para saúde" – como as da Birkenstock –, populares na época.

Talvez outra solução fosse usar esses "chinelos de banho" com meias, como os descolados fariam na década de 2010. É possível que Mark Zuckerberg tenha ajudado a incluí-los no "uniforme padrão" do Vale do Silício. Mas, então, grifes como Celine e Chloé apresentaram versões de luxo, impulsionando outro *boom* de vendas do Adilette. A marca Yeezy, de Kanye West, lançou sua versão reforçada dos chinelos enquanto ele era contratado da Adidas. Isso, porém, não o impediu de criticar a empresa em 2022, por ter feito o que ele chamou de "Yeezy falsificado" com o Adilette 22 (que era, na verdade, apenas a versão mais recente do calçado que a Adidas havia inventado).

Superstar

Quando foi lançado, em 1969, o Superstar não tinha uma tarefa fácil pela frente. O Converse Chuck Taylor dominava o basquete desde a década de 1920,

À ESQUERDA:
Superstar.

oferecendo pouca inovação tecnológica desde então. Mas ele era uma instituição norte-americana. A Alemanha não tinha tradição no basquete, e a Adidas ainda era considerada, acima de tudo, uma empresa alemã – ou, no máximo, europeia. E, no entanto, aqui estava ela com um tênis feito de couro (quando a lona era predominante no esporte) e de cano baixo. E teve a ousadia de chamá-lo de Superstar.

Com o tempo, o mundo do basquete passou a ver todas essas características como vantagens, especialmente à medida que o esporte se tornava mais competitivo e agressivo, impulsionado por jogadores que vinham do basquete de rua em vez do circuito universitário. Além disso, a Adidas não tinha outro caminho: desde meados da década de 1960, ela já dominava os eventos de atletismo, mas, para conquistar o mercado dos Estados Unidos, precisava conquistar o basquete.

E o fez de forma espetacular. Tênis como o Pro Model de cano alto e o Supergrip, de 1965, começaram a ser usados por jogadores de destaque na NBA no final da década. Em 1973, estimava-se que cerca de três quartos dos jogadores da liga profissional estivessem usando Adidas. Três anos depois, a empresa firmou patrocínio com Kareem Abdul-Jabbar, então a maior estrela da NBA. Uma década depois, inacreditavelmente,

À DIREITA: Kareem Abdul-Jabbar (à esquerda) usando Superstar durante partida.

LAKERS
C. JONES
11

ACIMA: a rapper Missy Elliott usando Superstar.

o lendário Michael Jordan quis assinar contrato com a Adidas, e não com a Nike. A Adidas, de forma igualmente inacreditável, não conseguiu dar a Jordan o acordo que ele queria.

Mas, para chegar a esse ponto, seria necessário o design transformador do Superstar. As origens do modelo – às vezes, carinhosamente chamado de "bico de concha", em referência à parte da frente do calçado

– remetem a outro tênis de basquete da Adidas, o Olympiade, criado para os Jogos Olímpicos de Tóquio de 1964. O Superstar utilizou o Olympiade como base e foi atualizado para atender às novas exigências do basquete: a língua acolchoada evitava que o aperto do laço restringisse a circulação; a proteção embutida no calcanhar impedia que o tênis se rompesse com o impacto após um salto; o contraforte superdimensionado ajudava a manter o pé firme dentro do calçado, protegendo o tornozelo. O modelo ainda apresentava solado de borracha com padrão em espinha de peixe para máxima aderência. E, claro, havia a característica pela qual se tornaria mais conhecido: a biqueira em concha, uma ideia emprestada de um modelo da Adidas para a prática de tênis.

O resultado pode ter sido estranho para as normas dos tênis de basquete da época, então a Adidas foi direto à fonte. Chris Severn, consultor da marca incumbido de identificar a lacuna no mercado que a bota antiquada da Converse deixava, levou pares de Superstars para as quadras de basquete nos Estados Unidos e convenceu os jogadores a experimentar o novo calçado. "Eles haviam jogado com tênis de lona a vida toda", lembrou Severn no livro *Sneaker Wars* (2008), "e estranharam bastante o Superstar. Mas eles não eram pagos pela Converse [para usar seus tênis]. Era apenas um hábito".

A experiência rapidamente revelou a superioridade do Superstar como um tênis seguro, flexível, resistente

e ágil – qualidades que também o tornavam perfeito para o *break*, a dança urbana dos anos 1970 e 1980, e o igualmente urbano *streetball* ("basquete de rua"). À medida que o *hip-hop* se tornava a música predominante nesse ambiente, uma banda em particular, o Run-DMC, uniu todas essas vertentes.

Eles não queriam se destacar na maneira de se vestir. Pelo contrário: queriam adotar o estilo das ruas, de onde tinham vindo, usando agasalhos Adidas Beckenbauer e Superstars. O fato de os Superstars, naquela época, serem difíceis de encontrar só aumentava o prestígio do modelo, e o grupo os usava desamarrados. Tudo isso levou o tênis a ganhar uma música: quando o Run-DMC lançou "My Adidas" em 1986, a canção rendeu ao grupo um contrato de patrocínio inédito (ver p. 44).

Nos anos 1990, os skatistas também adotaram o tênis. Mas foi a parceria da Adidas em 2003 com Nigo, o designer por trás da cultuada marca de

streetwear japonesa BAPE, que levou o Superstar (ou Super Ape Star, como a versão derivada foi chamada) ao território da moda. A Adidas não quis perder esse embalo. Em 2005, a empresa lançou uma série de 35 designs para marcar o 35º aniversário do Superstar, em colaborações diversas – por exemplo, com Andy Warhol, Disney e Missy Elliott. Os comerciantes viram filas dando a volta no quarteirão.

ACIMA: o Superstar era ideal para dançar *break*.

ABAIXO: o projeto Supercolor do Superstar.

Em 2015, quando Pharrell Williams participou do projeto Superstar Supercolor, a Adidas lançou cinquenta cores diferentes do modelo – uma das maiores parcerias da história dos tênis. Dizem que houve quem comprasse todas as cores.

Gazelle

Em alguns aspectos, o Gazelle é uma exceção entre os maiores tênis da Adidas. Ele foi inspirado em um tênis de corrida, mas a Adidas o testou com as equipes de futebol e de handebol da Alemanha Ocidental. Assim, com apelo para essas três modalidades por diferentes motivos, o Gazelle foi o primeiro tênis de uso geral da Adidas. Um anúncio do Gazelle o mostrava ao lado de imagens de velocistas, jogadores de basquete, tenistas e até jogadores de futebol americano. Como dizia o texto: "Quando você passa o seu tempo livre em movimento, você precisa de um acessório que não pare".

O Gazelle foi lançado em 1966, em uma época na qual a Adidas estava batizando muitos de seus modelos com nomes de animais selvagens, como o Jaguar e o Panther. Foi o primeiro tênis da marca feito de camurça (mais especificamente, camurça de canguru), quando o mais comum era empregar um couro menos maleável e mais pesado nos calçados. Dois anos depois, a arquirrival Puma lançaria seu primeiro tênis de *lifestyle* de camurça, o Crack, mais tarde rebatizado como Clyde e Suede.

Na época do lançamento, o Gazelle vinha em apenas duas cores, vermelho ou azul, com as três listras em branco. A camurça deixava as cores excepcionalmente vibrantes quando comparadas às dos calçados esportivos de couro. Mas não se tratava de uma escolha estética apenas: o Gazelle Rot ("vermelho", em alemão) vinha com um solado de borracha natural antiderrapante tirado do modelo Olympiade com

ACIMA: Gazelle Rot, para uso ao ar livre.

um padrão de ranhuras em forma de onda para uso ao ar livre. Mick Jagger e um jovem Michael Jackson viriam a usar Gazelles vermelhos.

Já o par azul – Gazelle Blau – tinha sido desenvolvido para uso *indoor*. Apresentava solado ondulado (emprestado do modelo Rom, de 1960) com a tecnologia de microcélulas, inovação que embutia pequenas bolhas de ar na borracha para oferecer maior amortecimento. Era uma ideia que a indústria de calçados esportivos – incluindo a Nike – passaria a adotar. A Adidas continuaria aprimorando o design ao longo dos anos seguintes, adicionando uma aba no calcanhar, para proteger o tendão de Aquiles, e uma lingueta de vinil que se moldava ao redor do pé. Em 1972, foi lançada uma versão de solado com padrão hexagonal de espuma de poliuretano e microcélulas.

Esse foi o ano em que um nadador norte-americano levou a um novo patamar a ideia de agradar a seu patrocinador Incentivado por Horst Dassler a não deixar que suas calças escondessem seus Gazelles azuis

ACIMA: Gazelle Blau, para uso em ambientes internos.

quando subisse ao pódio para receber uma das impressionantes sete medalhas de ouro que conquistara naquelas Olimpíadas, em Munique, Mark Spitz tirou os tênis e os agitou no ar. Depois, repetiu o gesto após a execução do hino nacional dos Estados Unidos. O Comitê Olímpico Internacional não gostou nada dessa inserção de produto tão explícita.

Novas variações no visual do tênis só viriam a ocorrer em 1984, quando chegou o cultuado Gazelle Grün, em verde-limão, precedendo uma infinidade de cores que seriam lançadas ao longo dos anos 1990. Foi nessa década que o Gazelle – como muitos outros tênis da Adidas – fez sua transição do esporte para a moda, algo que a versatilidade do seu design sugeria desde o início. A supermodelo Helena Christensen posou nua usando apenas um par de Gazelles, e Kate Moss também seria uma defensora do produto. No Reino Unido, especificamente, o Gazelle se tornou o principal calçado esportivo da era Britpop, adotado pelas bandas arquirrivais Blur e Oasis.

ACIMA: Liam Gallagher saindo do Abbey Road Studios.

"Quando larguei as drogas, tive que ficar obcecado com alguma outra coisa. Não curto carros, joias e coisas desse tipo, e eu já tinha muitas guitarras, então parti para a missão de colecionar tênis Adidas", contou Noel Gallagher ao *The Independent* em 2013. Noel ganharia sua própria edição especial do Gazelle (e seu irmão, Liam, uma edição do SPZL).

ACIMA: Gazelle.

O estilo minimalista do Gazelle fez dele um modelo perfeito para parcerias – por exemplo, com a japonesa Neighborhood, a marca de skate Palace e até a Transport for London (a autoridade responsável pela infraestrutura de transporte da capital inglesa). "O perfil agrada a tantos grupos graças à sua simplicidade", observou Brendon

Babenzien, estilista da grife masculina NOAH, em 2020. "O design dos Gazelles permite que as pessoas os usem de várias formas, refletindo a personalidade de cada uma. Eles são muito versáteis."

O Gazelle certamente se mostraria um modelo valioso para a Adidas. Como explicou Gary Aspden, consultor da marca, "o perfil do Gazelle, a sobreposição em formato de 'T' na biqueira e o contraste das listras brancas com a camurça colorida lançaram as bases para muitos calçados nos anos que se seguiram". Mesmo assim, poucos poderiam imaginar que em 2022 o Gazelle receberia uma atualização de cortesia da Gucci, a gigante italiana da moda – revelada nos pés de Harry Styles –, com seus cabedais e até mesmo as laterais de borracha adornados com o logo "duplo G" da grife.

Campus

O Gazelle fez a Adidas começar a usar camurça em outros modelos de calçado. Em 1970, apareceu o Greenstar, tênis de corrida que foi usado pelo time de basquete Boston Celtics, já que sua cor verde combinava com o uniforme da equipe. Esse episódio inspirou outros times da NBA a pedirem tênis nas suas próprias cores.

De fato, o Greenstar seria relançado no início dos anos 1970 como Tournament, disponível em várias

À ESQUERDA: Harrys Styles calçando a colaboração entre Adidas Gazelle e Gucci.

adidas

ACIMA: Campus.

cores de camurça. Durável e oferecendo "leveza, conforto e desempenho superior", de acordo com um anúncio da época, tornou-se um item essencial no basquete, principalmente entre os jogadores universitários. No entanto, o mundo do basquete evoluiu, tanto em termos de estilo quanto de tecnologia, e no final daquela década o Tournament foi descontinuado. Em 1980, a Adidas percebeu que, embora o Tournament já não fosse um bom tênis de performance, ainda era atraente como modelo de *lifestyle*. Essa ideia antecipou em vinte anos o conceito da Adidas Originals. Assim, o Tournament foi relançado em 1980 com o nome Campus.

A Adidas provavelmente esperava que o tênis, simples e acessível, atraísse os universitários, como o nome do modelo sugeria. No Reino Unido, o movimento casual o abraçou, mas nos Estados Unidos o Campus permaneceu em segundo plano, sendo apenas mais uma entre as várias opções de estilo urbano, ao lado do Gazelle e do Samba.

À ESQUERDA: Beastie Boys usando Adidas.

No entanto, assim como aconteceu com o Superstar, a popularização do Campus teve auxílio do Run-DMC. Como, na época, o Superstar estava disponível apenas em branco, o grupo de *hip-hop* recorreu ao Campus para ter opções de cor. Em 1992, os Beastie Boys também deram seu aval ao modelo, com Mike Diamond usando o tênis na capa do terceiro álbum da banda, *Check Your Head*. Mais tarde, Diamond lançou sua própria marca de *streetwear*, a X-Large, e uma loja em Nova York. Uma de suas principais atrações? Seu suprimento de tênis Adidas raros e fora de estoque.

De repente, o Campus – descomplicado e fácil de usar – ficou em evidência. No Reino Unido, o Britpop adotou o modelo, assim como já havia feito com outros modelos clássicos da Adidas. O tênis passou a ter diversas variações, principalmente com alterações de cor e material, tornando o Campus uma das opções mais divertidas da Adidas.

Em 2009, por exemplo, o grupo de *hip-hop* House of Pain colaborou em uma versão verde-esmeralda, em homenagem às suas raízes irlandesas. Havia também uma versão bicolor (preta e branca), outra favorita dos Beastie Boys. Em 2011, uma colaboração com *Star Wars* lançou um modelo com acabamento de pelo cinza-claro chamado Wampa, em referência à criatura que quase mata Luke Skywalker em *O império contra-ataca* (1980). Em 2021, foi feita uma edição *South Park* de tecido atoalhado lilás, com o logo da lingueta sendo substituído por um par de olhos que, sob luz ultravioleta, pareciam vermelhos. Em 2023 surgiu o modelo Croptober, com nome inspirado na colheita anual de plantas de cannabis (normalmente, em outubro). O calçado vinha embrulhado em papel marrom-claro, semelhante ao papel de enrolar cigarro, que podia ser arrancado conforme a preferência do usuário, revelando por baixo uma camurça verde que imitava a cor das folhas de cannabis.

NMD

Embora a relação entre a Adidas e a Puma tenha sido repleta de desentendimentos, as duas empresas fizeram as pazes em 2009 ao realizar um jogo de futebol simbólico com funcionários de ambas. No entanto, isso parecia pequeno diante da rivalidade que a Adidas teria com a Nike. Tentando alcançar a gigante norte-americana e sua marca Jordan, a Adidas sabia que, embora a linha Originals fosse extremamente lucrativa e lhe trouxesse o prestígio do seu legado, ela precisava produzir também designs mais arrojados e contemporâneos.

A Nike estava ciente da ameaça que isso representava. Quando, em 2014, a Adidas contratou três de seus designers – Denis Dekovic, Mark Miner e Marc Dolce – para instalar um estúdio da marca no Brooklyn, em Nova York, a Nike os processou em US$ 10 milhões, alegando que haviam levado segredos comerciais para a concorrência (o caso foi resolvido com um acordo de confidencialidade). O contrato com Kanye West – depois que ele também deixou a Nike – foi

ACIMA: NMD.

outro passo da Adidas em direção a ideias novas e audaciosas. A submarca Yeezy, de West, deu à Adidas uma parte do enorme mercado de revenda/pós-venda, há muito tempo dominado pelas marcas Nike e Jordan.

Portanto, havia muito em jogo com o lançamento do NMD (de "Nomad"), em 2015. Nic Galway, então vice-presidente global de design da Adidas, disse à revista *GQ* que esse calçado era uma forma de "conectar o passado e o futuro da maneira mais confortável possível . [O NMD] não é apenas [sobre] a aparência do produto, mas sobre como vivemos nossas vidas. Todos nós viajamos muito hoje em dia. Os itens que você leva precisam ter mais significado cultural e precisam ser confortáveis". Ele acrescentou que era importante para a Adidas "sempre fazer referência à nossa história e a como ela afetou a cultura", mas reconheceu que "se você ficar preso lá, isso pode se tornar uma limitação".

A *GQ* sugeriu que o NMD_R1 (o primeiro dos NMDs) era "o melhor tênis da Adidas de todos os tempos". E, de fato, o NMD trazia um combo do que havia de melhor nos calçados esportivos: com painéis coloridos no estilo anos 1980 na entressola, ele remetia aos modelos Boston Super, Rising Star e Micropacer da Adidas, mas a entressola trazia a alta tecnologia Boost, e havia ainda o cabedal de Primeknit. A novidade chamou a atenção: houve registros de pessoas acampando durante a noite e promovendo uma corrida às lojas para conseguir o NMD. E, de uma hora para outra, os pares foram parar no mercado de revenda custando cinco vezes o preço de varejo – e foram vendidos.

"[O NMD] não é apenas [sobre] a aparência do produto, mas sobre como vivemos nossas vidas."

A partir daí, surgiram muitas outras versões. Houve o Chukka e o City Sock, além de edições com fechos, com *cage* (gaiola) para passar os cadarços e até sem cadarços. Também acontecaram colaborações, entre elas com a marca Humanrace (Hu), de Pharrell Williams, com a empresa de bagagens RIMOWA, com a White Mountaineering e com a BAPE. Tudo isso só serviu para alimentar o *hype* em torno do NMD.

Há quem diga que o modelo foi fundamental para a Adidas se tornar a segunda maior marca de calçados nos Estados Unidos em 2017, quando finalmente ultrapassou a Jordan, se não a Nike. Outros afirmam que o sucesso do NMD fez com que a Adidas saturasse o mercado e atrasasse a busca por novas ideias. Versões posteriores, como o NMD S1 (sendo S1 de "Sneaker 1"), foram aplaudidas, mas não conseguiram alcançar o impacto inicial do NMD. Seja como for, é praticamente certo que diversos *revivals* do NMD farão parte na história futura da Adidas.

Agasalho Beckenbauer

As marcas de artigos esportivos costumam construir sua reputação com base na inovação e no design de calçados, equipamento crucial para atletas de todas as modalidades. Mas a Adidas também se tornou proprietária de um ícone do vestuário: o agasalho Beckenbauer. Batizado em homenagem ao grande jogador de futebol alemão Franz "O Kaiser" Beckenbauer, contratado pela Adidas em 1967 para usar a marca, o conjunto era facilmente identificado pelas três listras que percorriam as costuras externas das mangas e das pernas.

Claro que a ideia do conjunto esportivo não era nova, já que atletas usavam agasalhos de duas peças e 100% algodão em seus treinos desde a década de 1920. O que a Adidas trouxe foi um conjunto de fibra sintética que, nos anos 1960, ainda era considerada futurista. Assim, o Beckenbauer era leve, secava rapidamente e tinha um brilho característico. O *timing* para o lançamento também

À DIREITA: Melanie Chisholm, a "Sporty Spice" do grupo Spice Girls, com um agasalho Beckenbauer.

não poderia ter sido melhor. Graças, em parte, aos esforços da rival Nike, o início dos anos 1970 viu o crescimento do *jogging* nos Estados Unidos. Sendo mais leve e menos volumoso do que os tradicionais conjuntos de moletom, o Beckenbauer se destacou como a escolha ideal para essa prática esportiva.

No entanto, foi na cultura pop que o agasalho realmente deixou sua marca, sobressaindo-se tanto pelo visual quanto pelo conforto. Ele antecipou a ascensão do estilo *athleisure* – uma combinação de roupas esportivas com peças casuais – e o predomínio de calças e blusas de *streetwear*. De Bob Marley e o reggae jamaicano dos anos 1970, passando pelos B-Boys do *breakdance* em Nova York e pelo movimento casual do Reino Unido na virada dos anos 1970 para os 1980, o Beckenbauer se tornou um estilo marcante e versátil. O Run-DMC passou a usá-lo, claro, transformando-o em uma declaração de moda internacional.

E eles não foram os únicos. Durante os anos 1990, os adeptos das *raves* adotaram o agasalho como parte do *gabber*, estilo de *hardcore techno* nascido nos Países Baixos e que influenciou uma coleção inteira de Raf Simons e Gosha Rubchinskiy para a Adidas em 2018. O Beckenbauer também foi peça importante no bairro de Harajuku, cena da moda em Tóquio, na década de 1990, e registrado pelo fotógrafo Shoichi Aoki na avenida Omotesandō. No Reino Unido, ele apareceu no Britpop.

No século XXI, a peça continuou popular: nos Estados Unidos, com o *nu metal*; no Reino Unido, com Stormzy e a cena *grime*, e em releituras de moda por marcas como Palace e Balenciaga.

Embora a maioria das marcas de artigos esportivos crie seus calçados clássicos, poucas conseguem o mesmo feito com roupas. As exceções – como as camisas polo da Lacoste ou da Fred Perry – apenas confirmam a regra. E, no entanto, cada geração parece encontrar uma maneira de adotar o agasalho da Adidas como estilo próprio.

A linha ZX

A constatação de que nem todos os corredores são iguais esteve na base do desenvolvimento (liderado pelos designers Jacques Chassaing e Markus Thaler) dos tênis da linha ZX, lançada em 1984 com o ZX 500 (em referência à moto Kawasaki ZX500 da época). O projeto ZX reconhecia que, para maximizar a performance, os tênis de corrida precisavam ser projetados de acordo com o atleta – aqueles que precisam de mais ou menos sustentação, aqueles que se inclinam durante a corrida, e assim por diante.

Foi pela linha ZX que a Adidas lançaria tecnologias como o amortecimento Soft Cell e a estabilidade Torsion. É possível que o conforto, além das opções de cores, tenha ajudado a tornar o modelo o preferido entre os *ravers* de *acid house* britânicos durante o que foi chamado de "segundo verão do amor", em 1988 e 1989, ou na cena *techno* de Berlim da mesma época. "A linha ZX teve uma longa trajetória porque, desde o início, o foco foi criar algo único, relevante e que realmente atendesse às necessidades dos consumidores", explicou Chassaing em uma entrevista à varejista de tênis Footpatrol.

De fato, a linha ZX provaria seu sucesso justamente por fazer a ponte entre performance e *lifestyle* em um momento no qual esses dois mundos se encontravam um tanto distantes: tênis de corrida se tornaram estilosos. Vários tênis ZX surgiriam, cada um codificado por cores de acordo com sua ênfase em amortecimento ou suporte, treino ou corrida, e cada um recebeu uma identificação numérica – a série de três dígitos ("Hundred"), seguida pela série mais avançada, de quatro dígitos ("Thousand").

"Quando você lança algo inovador e deseja obter sucesso, precisa causar impacto; pode ser pela tecnologia, mas também pela estética, com as cores. Na série Thousand, a ideia foi usar cores vibrantes", explicou Chassaing. "Mas queríamos nos destacar, mesmo em relação à série Hundred."

Mais tarde, em 2019, surgiu um produto de cinco dígitos, o ZX 10000. Como afirmou Gary Aspden, da Adidas: "O prefixo ZX é sagrado para os fãs da marca, então a criação de novos números na série ZX deve ser

À DIREITA: Rita Ora com o modelo ZX 750.

ROLLER

feita com cautela e de maneira respeitosa. Equivale a produzir um novo filme da série *Star Wars*".

Em 2008, a Adidas lançou a linha A-ZX, convidando cerca de 22 parceiros – da loja parisiense Colette à HUF, de San Francisco – para interpretarem o ZX à sua maneira e colocando em prática a ideia de colaborações com designers, a exemplo das feitas com Pharrell Williams e Kanye West.

Em 2020, um ZX 5000 com o tema "Joshua Tree" foi lançado em colaboração com um parceiro menos óbvio em termos de moda, a National Park Foundation dos Estados Unidos. Mas foi algo alinhado à tradição de haver versões inusitadas do ZX: do ZX 8000 Lego ao ZX 10000 "Krusty Burger", dos Simpsons; do ZX 7000 HEYTEA, em parceria com a rede chinesa de chá homônima, ao ZX 8000 Meissen, com o fabricante de porcelana mais antigo da Europa.

Uma nota sobre Jacques Chassaing

Enquanto os designers da Nike eram reconhecidos por mérito próprio – atraindo a atenção da mídia e ganhando prêmios –, a Adidas adotava, na maior parte das vezes, uma abordagem mais coletiva: um trabalho de equipe que se recusava a destacar apenas um indivíduo. A única exceção tinha nome: Jacques Chassaing.

Nascido na Alsácia, Chassaing começou sua carreira como designer de calçados sociais antes de se juntar à Adidas França, em 1981. Ele passou a coordenar a criação de muitos dos modelos icônicos da marca, entre eles o Forum (o sofisticado tênis de basquete que a Adidas ousou lançar custando o dobro que um par de Air Jordans), o Rivalry, o Stefan Edberg, o Zelda, o Lendl e o Predator, além das linhas EQT e ZX e de colaborações com a Porsche Design.

"Para alcançar o sucesso como designer, é fundamental ser singular em suas opiniões, atitudes e criações."

"Os anos 1980 foram uma época de muita inovação. Houve uma subida de patamar, com todo mundo tentando fazer algo novo e adotando uma abordagem mais técnica, já que tudo estava focado em tênis de corrida", disse o designer em um evento da loja END em 2019. Ele se tornaria chefe da Adidas Footwear Design International em 1993 e, a partir de 1998, chefe da Adidas Advanced Design Worldwide. "Hoje, a prioridade está no *lifestyle*. Naquela época, a gente nem chamava os tênis de tênis."

A filosofia de design de Chassaing se tornaria influente. Três anos antes de Tinker Hatfield, da Nike, trazer a público a tecnologia Air, com o Air Max 1, Chassaing já havia adotado a mesma abordagem no Forum, lançado nas Olimpíadas de Los Angeles em 1984. Projetado para oferecer o mesmo suporte para o pé que os jogadores de basquete buscavam, o característico pedaço de couro no tornozelo do Forum tornava essa estrutura evidente para todos. "A mentalidade da época era a de que, se você quisesse incluir um recurso inovador em um tênis, ele deveria ser colocado na parte externa, ou seja, não ficar escondido na estrutura", explicou Chassaing em um evento da Footpatrol em 2018. "Você pode até explicar ao consumidor o que você colocou dentro do produto, mas mostrar causa muito mais impacto." É por isso que sua versão favorita do ZX é a da parceria com a Lego, em 2020: a forma do Lego é autoexplicativa.

E o conselho de Chassaing para seus colegas designers de calçados esportivos? No mesmo evento, ele afirmou: "O design deve atender a demandas, seja no esporte, seja no cotidiano". E complementou: "Para alcançar o sucesso como designer, é fundamental ser singular em suas opiniões, atitudes e criações. Assumir suas falhas com o consumidor faz parte do jogo. Você precisa aprender com isso".

Yeezy Boost 350

O relacionamento de Kanye West com a Adidas pode ter sido mais curto do que o planejado, mas, ainda assim, produziu pelo menos um estilo que ajudou a definir uma década, provando ser sua contribuição mais bem-sucedida para o portfólio da marca. Segundo West, talvez tenha sido o estilo que ajudaria a Adidas a "jump over Jumpman" ("saltar sobre o Saltador"), em referência à marca Jordan, da Nike, e ao seu logo. Foi um longo processo: West colaborou com a Adidas pela primeira vez em 2006, quando sugeriu uma reformulação do modelo Rod Laver, de 1970, proposta que nunca foi realizada.

West apelidou o Boost 350 de "Roshe Killer" ("Matador de Roshes"), uma provocação ao recém-lançado Nike Roshe, que teria sido inspirado em designs que ele havia proposto para a empresa norte-americana e pelos quais ele agora não receberia *royalties*. Era um calçado altamente tecnológico, com cabedal de Primeknit e amortecimento Boost, o que o tornava extremamente confortável. Mas esse estilo de tênis de corrida também era diferente no visual, não apenas por ter cano baixo (em uma época na qual os tênis de cano alto estavam em voga), mas também por apresentar um ajuste parecido com o de uma meia.

Em vez de depender de grafismos arrojados, sobreposições ou cores vibrantes, a primeira edição, lançada em 2015, veio em um tom chamado *turtle*

ABAIXO: Yeezy Boost 350 V2.

dove, um padrão abstrato e discreto em preto e cinza-claro. As três edições seguintes, lançadas no mesmo ano, foram em *pirate black* (quase totalmente preta, com a superfície texturizada do Primeknit como efeito visual), *moon rock* (cinza com manchas irregulares em tom ágata) e *oxford tan*. O 350 era minimalista em meio a diversos designs chamativos.

É claro que havia variações, incluindo uma com entressola translúcida e outra com o solado salpicado de tachinhas – como a usada pelo *wide receiver* DeAndre Hopkins, do time de futebol americano Houston Texans, que acabou recebendo uma multa de US$ 6 mil. O motivo? Os tênis não tinham uma cor base definida. Mas se o Yeezy 750 de West (seu primeiro tênis oficial para a Adidas, também lançado em 2015) trazia um visual mais ousado, com cano alto, cabedal totalmente de camurça, faixa cruzada e fechamento com zíper ao longo do comprimento, no 350 ele parecia ter encontrado algo extremamente comercial, pois combinava todos os benefícios técnicos que a Adidas oferecia com um formato despojado altamente usável e cores terrosas.

Versões posteriores viriam a incluir uma única faixa larga e/ou a inscrição "SPLV" (que alguns dizem significar "Saint Pablo Loves You", uma possível referência ao segundo filho de West, Saint, e ao seu

À DIREITA: o rapper britânico Stormzy se apresenta em Glastonbury usando o Yeezy Boost 350.

álbum *The Life of Pablo*, de 2016). Mas, no geral, essas versões eram discretas. Um dos lançamentos mais populares do estilo foi o "Triple White" ("Branco Triplo"). "São coisas feitas para trazer uma alegria incalculável", disse West sobre seus designs de tênis. E, considerando as vendas, foi o que aconteceu.

Não fossem as falas polêmicas de West e a necessidade de a Adidas encerrar o contrato devido à péssima repercussão (ver p. 56), o 350 teria permanecido como a peça-chave da ideia do músico de construir – com a Adidas – um império baseado em *royalties* de calçados, da mesma forma que Michael Jordan fez com a Nike. Só que, segundo foi noticiado, West estava recebendo três vezes mais *royalties* do que Jordan. E West é dono de sua marca.

Kobe Bryant/Crazy 8

Kobe Bryant, eterno astro do Los Angeles Lakers, tinha apenas 17 anos quando foi contratado pela Adidas, em 1996. A empresa o apoiou de todas as formas, oferecendo-lhe US$ 48 milhões ao longo de seis temporadas. E que temporadas impressionantes foram aquelas, com Bryant vencendo o Torneio de Enterradas, participando de quatro Jogos das Estrelas, conquistando três títulos da NBA e, é claro, lançando sua linha de tênis.

O contrato com Bryant deu à Adidas um lugar no basquete que a empresa mais tarde utilizaria para firmar acordos com outras estrelas em ascensão, como Tracy McGrady e James Harden. Embora o relacionamento de Bryant com a empresa tenha se deteriorado por diferenças criativas – ele chegou a pagar para rescindir seu contrato para testar por um ano com a Jordan, a Reebok e a Converse, antes de finalmente assinar com a Nike –, até aquele momento Adidas e Bryant haviam lançado uma trilogia de tênis de basquete icônicos.

O jogador começaria seu contrato com a Adidas usando o Top Ten 2000, o Top Ten 2010 e o EQT Elevation (este último em um tom atraente de roxo). Mas em 1997 ele ganhou seu próprio modelo, o KB8 ou Crazy 8, projetado por James Carnes. O estilo de couro e camurça pretos, com um ousado padrão abstrato branco-nuvem na lateral e a tecnologia Feet You Wear (ver p. 148), impressionou, e uma réplica atualizada seria relançada em 2023. Essa tecnologia também fez com que Bryant tivesse que usar o Forum 2000 da Adidas por meia temporada, após Frampton Ellis (o inventor do Feet You Wear) e a Adidas se envolverem em uma disputa judicial sobre seu uso, durante a qual a empresa teve que pausar – e, finalmente, encerrar – o Feet You Wear por completo (após firmarem um acordo em 2003 colocando fim à licença).

Bryant logo se afastaria totalmente do KB8 e de suas várias versões. O tênis lançado em 2000, chamado simplesmente de Kobe, não poderia ser mais diferente. Era um modelo de linhas limpas,

LAKERS
8

criado por Eirik Lund Nielsen e Peter Moore (designer do Air Jordan da Nike) e inspirado em um dos carros favoritos de Bryant, o Audi TT Roadster. A referência fica evidente quando o tênis é visto de perfil.

Nielsen levou a simplificação ainda mais além no ano seguinte, com o escultural Kobe 2, talvez o calçado de basquete mais inovador da Adidas até então e que, como um protótipo de carro, começou com um modelo de argila. Com as três listras da Adidas surgindo sutilmente do solado, o tênis superminimalista e futurista não tinha ornamentos, exceto por uma edição especial USA Flag que Bryant usou em sinal de respeito após os ataques terroristas de 11 de setembro de 2001.

Analisando em retrospectiva, talvez o design tenha sido futurista em excesso, pois dizem que Bryant não gostou tanto quanto deveria de algo que levava seu nome. De fato, durante os jogos, ele preferiu usar o Kobe 1 na maior parte das vezes. Esse fato, aliado ao também inovador Kobe 3 (que só chegou à fase de amostra), pode ter sido o ponto de ruptura na parceria de Bryant com a Adidas.

À ESQUERDA: Kobe Bryant jogando pelo Los Angeles Lakers em 1998.

Tecnologia

A Adidas já foi descrita como uma empresa de tecnologia que apenas trabalha com artigos esportivos. Em 2015, Nic Galway, então vice-‑presidente global de design da marca, afirmou à revista *Complex*: "Em um tênis da Adidas tudo tem uma função. Seus componentes não são decorativos. Tudo está lá por algum motivo, e, se você retirasse qualquer elemento do design, ele não funcionaria. É, na verdade, uma integração que proporciona um resultado familiar, mas totalmente novo".

O fato de a Adidas ser tanto uma empresa de tecnologia quanto uma fabricante de calçados foi algo que ficaria patente em sua linha Equipment (EQT), lançada em 1990. Reconhecendo que as vendas estavam cada vez mais voltadas para pessoas que não usavam seus tênis para o propósito pretendido, a Equipment estabeleceu uma clara distinção entre os produtos "com potencial de estilo" e aqueles voltados para a performance. Mas, àquela altura, a história da empresa já estava repleta de inovações em engenharia e materiais.

À DIREITA: tênis Adidas em produção na fábrica da marca em Herzogenaurach.

FESTO FESTO
FESTO FESTO

Futebol

Não surpreende que, enquanto o negócio dos irmãos Dassler se destacou nos calçados para o atletismo (a ideia de que esses produtos poderiam ser usados pelo público em geral ainda estava distante), a recém-criada Adidas tenha avançado em outros calçados especializados, notadamente para o futebol.

Esse esporte estava se tornando uma obsessão na Alemanha Ocidental, com seus fãs prontos para mitificar os sucessos da seleção do país, que começava a se sobressair nos torneios internacionais. Assim surgiu o que ficou conhecido como "Wunder von Bern" ("Milagre de Berna"), na final da Copa do Mundo de 1954. A Alemanha Ocidental jogaria contra a Hungria (a favorita que, no início do torneio, havia humilhado os alemães com uma goleada de 8 a 3). Mas, dessa vez, a seleção da Alemanha usaria chuteiras Adidas Argentina.

Dassler tinha inovado nos cravos (ver p. 12), e as travas receberam a mesma atenção. Historicamente, as chuteiras de futebol iam até o tornozelo e eram pesadas. Dassler forneceu à equipe semiprofissional da Alemanha Ocidental um modelo mais ajustado e de corte baixo que, embora custasse o dobro das chuteiras tradicionais, tinha metade do peso.

À DIREITA: David Beckham usando Adidas. Desde o início, a marca esteve estreitamente associada ao futebol.

adidas

Também tinha biqueira macia, interior de espuma e travas que podiam ser trocadas de acordo com as condições do campo.

A Hungria abriu 2 a 0 no placar. Em uma partida que os comentaristas de futebol viriam a considerar uma das maiores da história das Copas do Mundo, a Alemanha Ocidental trocou suas travas no intervalo por outras, mais longas, capazes de entrar e sair da grama facilmente sem que a lama se acumulasse no solado, e ganhou de virada por 3 a 2. "Que Dassler!", destacou a manchete do *Daily Sketch*, do Reino Unido.

A Copa do Mundo de 1954 também foi a primeira a ser televisionada. A vitória da Alemanha Ocidental consolidou o lugar da Adidas no imaginário coletivo, tanto em casa quanto no exterior, e na fabricação de equipamentos de futebol. Esse fato abriu as portas para outros avanços técnicos. Em 1958, a marca lançou o modelo Der Weltmeister ("Campeão Mundial"), a primeira chuteira com solado de poliamida, que não deformava na umidade. Em 1966, o modelo Achilles introduziu um sistema de amarração no calcanhar, e em 1979 o modelo Copa Mundial chegou com um acolchoado de espuma que minimizava a pressão das travas sob os pés. Copa Mundial se tornaria a chuteira preferida de muitos jogadores profissionais por uma geração.

Até que a Adidas reinventou novamente a chuteira. Tradicionalmente, esse equipamento tinha uma superfície lisa para minimizar a interferência de

ACIMA: as ondulações no modelo Predator facilitaram o controle da bola.

irregularidades ou costuras no contato com a bola. No entanto, a Adidas mudou completamente essa perspectiva. A chuteira Predator, lançada em 1994, veio com uma ondulação na biqueira que, como se descobriu, possibilitava ao jogador um controle melhor da bola. A Adidas garantiu que a Predator oferecia "90% mais controle e 10% mais potência".

Aliás, a Adidas não contribuiu apenas com calçados para o futebol. A partir de 1963, ela começou a fabricar bolas também. Na verdade, a imagem clássica de uma bola de futebol, composta por vários painéis pentagonais em preto e branco, refere-se ao design Telstar, que foi criado pela Adidas para a Copa do Mundo no México, em 1970. O objetivo foi tornar a bola mais visível para os telespectadores que assistiam aos jogos em televisores preto e branco (como a maioria faria até os anos 1980).

Seria o início de um longo relacionamento com a FIFA, a Federação Internacional de Futebol, em que a Adidas passaria a fornecer as bolas para todas as Copas do Mundo seguintes. Assim como a das chuteiras, a tecnologia das bolas continuaria a avançar: em 2018,

official
adi das
official
official world cup
adi das
made in france

a Adidas lançou a Telstar 18, uma bola lisa e praticamente sem costura, considerada um pesadelo para os goleiros.

No entanto, os saltos tecnológicos de maior destaque da Adidas repercutiram de fato no tipo de calçado esportivo que poderia ser usado, diferentemente das chuteiras, em um cenário mais cotidiano. Nem todas as ideias que a Adidas explorou foram um sucesso estrondoso, mas sempre refletiram seu espírito inovador. Um exemplo é o tênis de corrida Micropacer, lançado em 1984 e que, de forma pioneira, incluía um sistema de rastreamento de estatísticas em uma pequena capa sobre os cadarços. Vale ressaltar que isso aconteceu em um momento no qual um telefone celular tinha praticamente o tamanho de um tijolo.

"O que eu realmente adorava nos produtos dos anos 1980 era o fato de ser uma época em que o futuro era 'a coisa'", disse Nic Galway à *Complex* em 2015. "Ninguém tinha computador em casa, mas nós, como uma marca alemã, estávamos produzindo uma tecnologia que podia ser vestida. Isso mostra o grande espírito pioneiro da empresa naquela época."

Amortecimento

Maximizar o amortecimento sem aumentar o peso era um grande desafio para qualquer fabricante de calçados esportivos. Mas o nível desejado de amortecimento

À ESQUERDA: o jogador de futebol suíço Daniel Jeandupeux com a Telstar em 1973.

também envolvia preferências individuais. Para resolver essa questão, em 1984 a Adidas introduziu o primeiro amortecimento customizado: um sistema de pinos embutido na entressola do LA Trainer e, posteriormente, no tênis Grand Slam que podia ser ajustado para maior ou menor rigidez. Dois anos depois, a ideia foi aprimorada no tênis de corrida APS, que incorporava hastes de amortecimento na entressola, que podiam ser enrijecidas ou amaciadas com o uso de uma chave que acompanhava o modelo. O Adiprene, outro sistema patenteado, trazia amortecimento extra para o calcanhar e para a parte dianteira de alguns tênis da Adidas, tornando-os ideais para esportes de alto impacto.

Essas ideias eram inovadoras, mas não se comparavam aos avanços tecnológicos em amortecimento que a Adidas viria a apresentar posteriormente. Em 2006, a empresa lançou o Bounce, sistema baseado em suspensão que tinha o mesmo apelo estético do Air visível da Nike e dava à entressola dos tênis uma função semelhante à de uma mola. "Devolve energia a cada passo", sugeria um comercial do Bounce, embora, na verdade, fosse mais correto afirmar que o sistema fazia com que o atleta perdesse bem menos energia cinética do que o normal. Mas parece que funcionou: em 2011, por exemplo, o corredor queniano Patrick Makau estabeleceu o recorde mundial de maratona em Berlim usando um par de Adios 2 com tecnologia Bounce. Infelizmente, a Adidas não conseguiu convencer mais corredores amadores a adotarem o modelo, especialmente os dos Estados Unidos, o mercado-chave para corredores.

Essa é uma das razões pelas quais, sete anos depois, o Bounce foi superado por uma técnica de amortecimento ainda mais sofisticada. O Boost foi desenvolvido pela Adidas em 2012, em parceria com a empresa química alemã BASF. A BASF havia criado o que chamou de "cápsulas de energia", *pellets* de poliuretano termoplástico (TPU). Mais tarde, percebeu-se que eles poderiam ser usados unidos em uma peça sólida. Para demonstrar sua elasticidade, a BASF fez um teste, criando uma bola do tamanho de uma de tênis com esses pellets.

> ***"Devolve energia a cada passo."***

Matthias Amm, então diretor na divisão Global Running da Adidas, relembra quando viu a bola em ação: "Era inacreditável como a bola saltava muito mais alto em comparação com as de EVA, o material padrão da época. Imaginamos o que poderíamos fazer com aquele material – poderíamos revolucionar a indústria da corrida".

Na prática, ao fundir 2 mil *pellets* para criar uma única entressola, a elasticidade total das partes se mostrava maior que a do todo. Ao contrário de muitos sistemas de amortecimento baseados em EVA, os *pellets* também mantinham sua forma e sua função ao longo do tempo. E havia outro benefício: o Boost era não só melhor do que o Bounce como também mais barato de produzir, o que garantia altas margens de lucro nos tênis em que era utilizado.

Novamente, assim como o Bounce, o Boost provaria seu valor em campo. O modelo Adidas Energy Boost apareceu pela primeira vez em 2013, e, no ano seguinte, na Maratona de Nova Yorkas, as medalhas de ouro masculina e feminina foram conquistadas por atletas usando Boost. Além disso, a queniana Mary Keitany estabeleceu um novo recorde mundial feminino de maratona, em 2017, com o Adizero Adios Boost. Na verdade, enquanto a Adidas se beneficiava de ações comerciais como o relançamento do Stan Smith e a parceria com Kanye West, o lançamento do Boost foi considerado o fator que mudou a sorte da empresa. Finalmente tinha surgido uma vantagem tecnológica sobre a Nike.

E surgiu, também, uma vantagem em estilo. A estética do Boost atraiu até mesmo aqueles que mal corriam para pegar um ônibus. O design elegante e o conforto que ele proporcionava aos tênis de corrida foram fundamentais para modelos como o Ultraboost, o NMD

À DIREITA: Adidas Energy Boost 3.

e o Yeezy Boost 350, todos sucessos entre os consumidores de moda. Antes do Boost, pouca gente usava tênis de corrida como item de moda.

A estética do Boost atraiu até mesmo aqueles que mal corriam para pegar um ônibus.

Quando Kanye West foi visto usando um Energy Boost ESM branco e, dias depois, um Ultraboost branco – ambos muito antes do lançamento dos Adidas Yeezys –, a novidade ganhou todo o prestígio necessário. E quando o rapper incorporou o Boost em seus próprios designs para a Adidas, essa credibilidade foi consolidada. É bem possível que o Boost tenha sido, em grande parte, responsável por levar a Adidas de uma receita global de US$ 19 bilhões, em 2014, para US$ 23 bilhões em apenas três anos.

Segundo Andy Barr, diretor de criação global da empresa, "até o Boost, não havia razão para alguém escolher a Adidas em vez dos nossos concorrentes. Agora, a maioria das pessoas diz que o Boost é o motivo pelo qual começaram a prestar atenção em nós". O advento do Boost finalmente permitiu que a Adidas se libertasse da dependência excessiva dos clássicos do passado.

Materiais

O novo milênio impulsionou um certo fascínio pelo desenvolvimento de materiais maravilhosos, com propriedades inesperadas e, talvez, revolucionárias.

E a Adidas teve um papel significativo nesse entusiasmo.

Sistemas de absorção de umidade, por exemplo, sempre foram importantes em uma roupa. Eles precisam proteger o corpo das variações do clima enquanto permitem a saída da umidade e do calor gerados pelo corpo. A Adidas levou a mesma questão para seus calçados e, em 2002, lançou o sistema Climacool, aplicando fibras especiais no cabedal que "puxavam" o calor para fora do tênis, além de uma perfuração na entressola e no solado que permitia a circulação de ar sob o pé do atleta. Em 2011, a marca apresentou o SprintWeb, uma camada sintética de suporte que se integrava à malha respirável presente em muitos dos tênis de performance da época, como o Crazy Light usado pelo jogador de basquete Derrick Rose.

Mas esses foram apenas os precursores da maior inovação em materiais da Adidas até hoje: o Primeknit, lançado para coincidir com as Olimpíadas de Londres de 2012 na forma do tênis Adizero Primeknit. Nessa tecnologia, em vez de haver pedaços de material costurados para fazer um cabedal, há uma peça única sem costura, como uma malha. Não era algo exatamente pioneiro. O Flyknit, sistema semelhante da Nike, tinha sido lançado no início do mesmo ano – a Nike, inclusive, processou a Adidas (sem sucesso) por violação de direitos autorais.

Ainda assim, a Adidas trazia uma vantagem própria ao utilizar um fio fundido que permitia ajustar digitalmente a flexibilidade ou a estabilidade em diferentes partes do cabedal. Além disso, o material era durável e extremamente leve e proporcionava um ajuste perfeito, semelhante ao de uma meia. E, como podia ser tingido, abria todo tipo de possibilidade criativa para o visual do produto, algo que, com o tempo, seria mais explorado nas colaborações com a marca italiana Missoni e nos tênis Humanrace Sichona, de Pharrell Williams.

A Adidas vinha amadurecendo essa tecnologia desde que seus técnicos têxteis, ao visitar a feira Techtextil em Frankfurt (no ano de 2010), tinham visto uma luva feita de uma malha de "fios termoplásticos fusíveis". Coincidentemente, na época, a Adidas havia contratado vários designers industriais com o objetivo de trazer ideias para futuros tênis, partindo do princípio de que especialistas em design de

ABAIXO: sistema Climacool da Adidas.

ACIMA: o Primeknit é usado no NMD.

calçados acabam ficando presos a uma mesma linha de pensamento. E um deles, Alexander Taylor, tinha proposto um tênis de malha exatamente com aquele material.

Produzir um produto assim não seria fácil, principalmente porque os métodos de fabricação estavam além da esfera de especialização da Adidas. Foram necessárias reuniões com diversos especialistas em malha de fora da empresa para começar a entender o que a produção do Primeknit em grande escala envolveria. Mas, trabalhando

À DIREITA: a britânica Jessica Ennis usou seis pares de Adidas nas Olimpíadas de 2012 para as sete provas que compõem o heptatlo.

London 2012
ENNIS
4

com vários fabricantes de máquinas especializadas na Alemanha, a Adidas conseguiu lançar o Primeknit no mercado em apenas dois anos.

Não demorou para a empresa perceber o potencial desse novo processo. Não se tratava apenas de haver muito menos desperdício quando comparado com a técnica de cortar e costurar um cabedal. O novo material poderia ser utilizado para vestuário, como a Adidas faria mais tarde com tudo, de sutiãs esportivos a jaquetas para atividades ao ar livre (sob sua marca para caminhadas Terrex). E, como era possível tensionar diferentes áreas do cabedal, a Adidas também conseguiu eliminar os cadarços em alguns modelos.

Nas chuteiras, a ausência de cadarços representava um benefício real para um melhor controle da bola. Em 2014, a empresa já havia lançado a primeira chuteira de malha do mundo, a Samba Primeknit, cuja trama foi projetada para que diferentes partes dela proporcionassem mais ou menos atrito entre o pé e a bola. No entanto, no mesmo ano, um dos jogadores patrocinados pela Adidas, Mesut Özil, comentou o quanto ainda achava frustrante ter de amarrar os cadarços várias vezes e esconder as pontas, para que não atrapalhassem as jogadas.

Ao eliminar os cadarços em um cabedal de malha, a Adidas teve que desenvolver um sistema de suporte interno – também em malha – para manter o pé no lugar. Assim surgiu, em 2016, a chuteira Ace 16+

PureControl, a primeira de malha e sem cadarços. Özil finalmente obteve, segundo suas próprias palavras, "o produto dos seus sonhos".

Construção

Mas a Adidas também reconheceria que apenas tornar seus calçados confortáveis não seria suficiente para os atletas, a menos que o pé também fosse mantido corretamente no lugar. Essa demanda foi abordada em 1988 com o Torsion, um sistema que construía uma ponte termoplástica sob a parte central do tênis, aumentando o suporte e permitindo uma transição mais eficiente do calcanhar para a ponta do pé (algo importante para corredores profissionais). A tecnologia Torsion foi adicionada à linha ZX da Adidas como sucesso estético e funcional, incluindo modelos como o Torsion Spectrum, para basquete. Como dizia um comercial de 1989, foi "criado com uma coisa em mente – vencer. Se você realmente quer, você consegue". Um comercial mais enigmático da Torsion começava com a imagem de um leão, seguido por cenas da tenista alemã Steffi Graf jogando. No final, ela encarava a câmera e dizia: "Miau".

O fato de que poucos tênis conseguem ter um desempenho tão eficiente quanto os pés descalços – se não fosse pelas superfícies abrasivas e pelo impacto – há muito tempo inspira os fabricantes a simplificarem seus produtos ao máximo (sem perda de funcionalidade). Mais uma vez, a Adidas estava pelo menos uma década à frente do interesse mais difundido do setor nos chamados *barefoot shoes*, os tênis minimalistas.

A empresa nem sempre havia percebido as oportunidades que surgiram: a tecnologia Air (as bolsas de ar para amortecimento), que ajudou a Nike a se tornar líder mundial, havia sido oferecida primeiro à Adidas por seu inventor, e ela a rejeitou. Mas, quando o designer Frampton Ellis ofereceu sua inovação – um tênis que se ajustava à forma natural e aos movimentos do pé –, a Adidas agiu rápido: adquiriu a licença em 1994, e, apenas dois anos depois, o que então era chamado de "barefootwear" ("calçados descalços") foi lançado com um novo nome: Feet You Wear ("Pés Que Você Usa").

A Adidas estava pelo menos uma década à frente do interesse mais difundido do setor nos chamados* barefoot shoes*, os tênis minimalistas.

Ellis notou que os solados "quadrados" dos tênis convencionais constituíam uma das causas mais frequentes de torções no tornozelo. Era necessária uma base mais ampla e mais próxima do solo, com uma curva do solado para a entressola que fornecesse estabilidade lateral. Ellis calculou que, com um tênis convencional, o atleta poderia aterrissar na lateral do pé a um terço de 1 G e sentir uma dor

À DIREITA: Steffi Graf no US Open, em 1996.

adidas
adidas

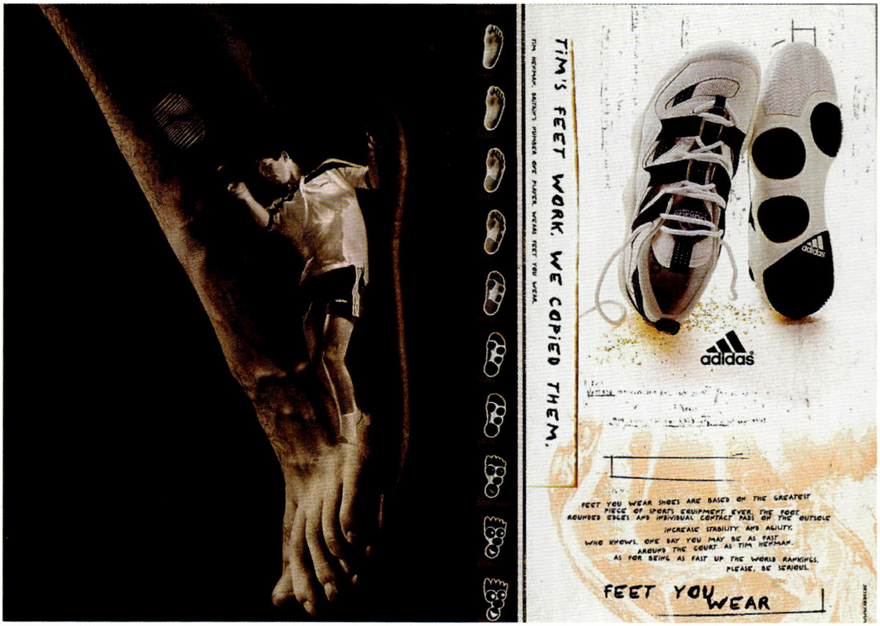

ACIMA: anúncio da tecnologia Feet You Wear nos anos 1990.

severa no tornozelo; já com a sua tecnologia seria possível aterrissar a 7 G sem dor.

A tecnologia foi uma das mais vendidas da Adidas, estreando com o KB9 III (e seu sistema Feet You Wear) usado por Kobe Bryant (o comercial se vangloriava: "O pé do Kobe funciona. Nós copiamos."). O sistema também foi usado por Steffi Graf, vencedora do US Open em 1996. Bryant, aliás, havia sido contratado pela Adidas antes mesmo de chegar ao Los Angeles Lakers por um tal de Sonny Vaccaro – o homem que havia convencido a Nike a contratar Michael Jordan em 1984 e que mais tarde também foi demitido pela Nike.

A Adidas chegou a afirmar que pretendia incorporar a tecnologia em 90% dos calçados que produzia, o que certamente influenciou o visual de muitos dos modelos icônicos da marca na época, como o Key Trainer e o Top Ten 2000. Esse era o plano, mas questões contratuais atrapalharam: Ellis e a Adidas se desentenderam sobre *royalties*, resultando em uma longa disputa judicial e no fim da licença em 2003.

Talvez essa péssima experiência tenha incentivado a Adidas a rever a construção de seus produtos. Em 2016, a empresa começou a trabalhar em um projeto batizado de 4DFWD que prometia repensar completamente a forma como um tênis era montado e o material que o compunha.

De fato, o que mais chamava a atenção em modelos como o Alphaedge, de 2018, ou o ZX 4000, de 2019 (os primeiros dessa nova geração de tênis), era não haver mais a necessidade da tradicional entressola de espuma. Em vez disso, as unidades da entressola eram feitas de uma estrutura impressa em 3D. Essa tecnologia foi desenvolvida usando a chamada Digital Light Synthesis ("Síntese de Luz Digital"), de uma empresa do Vale do Silício chamada Carbon. Quando comprimida, a estrutura se expandia para a frente, e não para cima, impulsionando o usuário, de maneira semelhante (o que gerou certa controvérsia) às placas de carbono inseridas nas entressolas por outros fabricantes de calçados esportivos.

No entanto, essa espetacular entressola em treliça seria complementada com uma nova abordagem em relação ao cabedal. O nome Futurecraft.Strung era adequado, já que se tratava de uma proposta extremamente futurista.

A novidade incluía a produção de cabedais feitos por robôs personalizados que usavam design digital para posicionar mais de mil fios individuais revestidos com TPU em ângulos e camadas determinados por cálculos complexos. Esses fios se juntavam para formar um cabedal semelhante a um casulo, e isso resultou no que a Adidas chamou de "têxtil dinâmico". Ao contrário da maioria dos têxteis, em que os fios precisam ser colocados em uma formação de hachuras, cruzando-se uns com os outros, muitas vezes em um padrão repetido, o Strung permitiria que os fios fossem colocados de forma mais caótica.

Caótico aos nossos olhos, somente. Na verdade, cada fio seria "ajustado" para ter propriedades diferentes – graus variados de tensão, por exemplo, talvez em torno do calcanhar, que requer mais firmeza –, com variações nos pequenos espaços entre os fios, o que permitia um tecido com mais ou menos flexibilidade ou respirabilidade. A análise de muitos dados sobre os movimentos dos pés possibilitou à Adidas posicionar cada um dos fios para obter o máximo efeito de acordo com a função de cada modelo de tênis. Não surpreende que, quando o primeiro tênis a combinar a entressola 4D e o cabedal Strung foi

ACIMA: confecção futurista: máquina de costura robótica.

revelado, no final de 2020, o design radical causou comoção. No entanto, a complexidade da fabricação e os recursos limitados para o aumento da produção fizeram com que o produto ficasse voltado para corredores profissionais, pelo menos até o momento em que este livro é escrito.

Esse era um mercado que a Adidas corria o risco de perder quase totalmente para a Nike. Mas, nesse ponto, suas conquistas tecnológicas começavam a dar frutos. Em 2020, a corredora queniana Peres Jepchirchir quebrou o recorde mundial feminino de meia maratona, em Praga, usando o Adizero Adios Pros. Em vez de placas de fibra de carbono, já comuns em tênis de corrida de nível profissional, esse design incorporava uma série de hastes curvas infundidas com carbono, endurecidas em graus meticulosamente variados e posicionadas entre dois painéis de espuma Lightstrike Pro – uma combinação projetada para emular os ossos metatarsais e que, segundo se dizia, conferia ao tênis uma marcha mais natural do que a placa de carbono mais padronizada.

Seriam necessários estudos científicos para explicar como a construção do tênis e seus componentes internos melhoram a eficiência na corrida, mas, até agora, esses estudos não foram feitos. A Adidas argumentou que não se tratava apenas de adicionar uma placa a um tênis. Na verdade, era a combinação cuidadosa de várias tecnologias, nas quantidades e no equilíbrio certos, que realmente fazia a diferença.

Em 2023, a etíope Tigst Assefa venceu a Maratona de Berlim, superando o recorde mundial feminino em mais de dois minutos. Ela usava o Adizero Adios Pro Evo 1, superleve (pesava apenas 140 g). Esses tênis eram tão bem ajustados que cada par só serviria para uma prova. Calçados que, segundo a Adidas, "desafiam os limites da corrida".

À DIREITA: Tigst Assefa quebra o recorde mundial de maratona feminino em Berlim, em 2023.

Tirop's Angels
24. September 2023
F1
IS NOTHING
BMW

Epílogo

Há uma cena no filme *Air: a história por trás do logo* (2023), dirigido por Ben Affleck – sobre o contrato de Michael Jordan com a Nike –, que mostra o contraste entre o espírito de liberdade da empresa norte-americana e a rígida cultura corporativa da Adidas, formada por homens engravatados supostamente incapazes de enxergar as oportunidades diante de seus olhos. É uma boa história que alimenta a rivalidade entre as duas gigantes dos artigos esportivos. Funciona bem na tela.

A verdade, porém, é outra: assim como a Nike, a Adidas cometeu erros, mas foram justamente o rigor e a persistência germânicas que fizeram com que ela se tornasse uma das poucas empresas a prosperar por mais de um século. E ela fez isso seguindo não apenas um caminho, mas vários: tecnicidade, mas também legado; esporte, mas também moda. Poucas empresas seriam capazes de abarcar design e fabricação de bolas de futebol, bem como design e fabricação de sapatos de salto alto com cadarços. Mas, se a Adidas encontra uma razão lógica para buscar o inesperado, ela encara o desafio.

Embora talvez ainda prefira se enxergar como uma marca de esporte, o fato é que a Adidas transcendeu, tornando-se uma espécie de árbitro cultural que, por acaso, produz artigos esportivos.

Índice

Crédito das fotos

Alamy Stock Photo
Action Plus Sports Images, 22; adsR, 77; Album, 66 e 67; Andrii Omelchenko, 36-37; Associated Press, 50 e 58; Bill Waterson, 27; Classic Picture Library, 14; CN Photography, 128; Cristian Storto, 85; DedMityay, 123; arquivo do portal dpa picture alliance, 24; Hugh Threlfall, 143; Jack Carey, 135; lev radin, 60; PA Images, 54, 82, 86 e 125; Patti McConville, 23; PCN Photography, 28, 145 e 149; Pictorial Press Ltd, 65; Retro AdArchives, 8-9, 13, 35 (abaixo à esquerda), 35 (abaixo à direita), 35 (centro à esquerda), 35 (centro à direita), 35 (acima à esquerda), 35 (acima à direita) e 150; Stephen Chung, 153; Sueddeutsche Zeitung Photo, 15; WENN Rights Ltd, 40 (abaixo) e 40 (acima); xMarshall, 93 e 112.

Getty
Kevin Mazur, 42; Christian Vierig, 91; Daniele Venturelli, 71; Dave Benett, 119; David M. Benett, 100; Duncan Raban/Popperfoto, 75; Estrop, 68; Focus On Sport, 95; Frazer Harrison, 106; Gary M. Prior, 133; Gotham, 79; Gregory Bojorquez, 96; Janette Beckman, 99; Jeremy Moeller, 80, 81 e 105; Lynn Goldsmith, 108; Marvin Ibo Guengoer, 155; Melodie Jeng, 61; Mick Hutson, 53 e 57; Oliver Morris, 45; Paul Popper/Popperfoto, 21; Patrick PIEL, 131; Raymond Hall, 49; Sebastian Reuter, 72; ullstein bild, 10, 30 e 136.

Shutterstock
andersphoto, 88; Duerr, 144; Prestige Photography, 115; Steve Fenton, 104; xMarshall, 31, 102, 103, 109 e 140.

Administração Regional do Senac no Estado de São Paulo
Presidente do Conselho Regional: Abram Szajman
Diretor do Departamento Regional: Luiz Francisco de A. Salgado
Superintendente Universitário e de Desenvolvimento: Luiz Carlos Dourado

MISTO
Papel | Apoiando o manejo florestal responsável
FSC® C004800

Editora Senac São Paulo
Conselho Editorial: Luiz Francisco de A. Salgado
Luiz Carlos Dourado
Darcio Sayad Maia
Lucila Mara Sbrana Sciotti
Luís Américo Tousi Botelho

Gerente/Publisher: Luís Américo Tousi Botelho
Coordenação Editorial: Verônica Marques Pirani
Prospecção: Andreza Fernandes dos Passos de Paula, Dolores Crisci Manzano, Paloma Marques Santos
Administrativo: Marina P. Alves
Comercial: Aldair Novais Pereira
Comunicação e Eventos: Tania Mayumi Doyama Natal

Edição e Preparação de Texto: Vanessa Rodrigues
Coordenação de Revisão de Texto: Marcelo Nardeli
Revisão de Texto: Cibele Machado
Coordenação de Arte: Antonio Carlos de Angelis
Projeto Gráfico e Capa: Luke Bird
Editoração Eletrônica: Manuela Ribeiro
Impresso em Dubai

Título original: A Pocket Guide to Adidas

Publicado pela primeira vez em inglês
em Londres pela Laurence King,
selo da Quercus Editions Ltd, em 2024.

Editora Senac São Paulo
Av. Engenheiro Eusébio Stevaux, 823 – Prédio Editora
Jurubatuba – CEP 04696-000 – São Paulo – SP
Tel. (11) 2187-4450
editora@sp.senac.br
https://www.editorasenacsp.com.br

Dados Internacionais de
Catalogação na Publicação (CIP)
(Claudia Santos Costa - CRB 8ª/9050)

Sims, Josh
Guia de bolso da Adidas / Josh Sims ; tradução : Cristina Camargo. – São Paulo : Editora Senac São Paulo, 2025.

Título original: A Pocket Guide to Adidas.
ISBN 978-85-396-4318-9 (impresso/2025)

1. Moda – Artigos esportivos. 2. Adidas (Empresa). 3. Tênis (Calçado). 4. Roupas esportivas. I. Título.

25-2367c CDD – 391.009
391.413
746.92
BISAC DES005000
DES013000

Índice para catálogo sistemático:
1. Moda : Vestuário : História 391.009
2. Moda : Tênis (Calçado) 391.413
3. Moda : Design : Estilo : História 746.9209